[あじあブックス]
055

# 空海と中国文化

岸田知子

大修館書店

# はじめに

奈良時代末期の宝亀《ほうき》五年（七七四）、讃岐《さぬき》に生まれ、やがて都の大学に学んだ青年がいた。青年は、当時の日本で身につけることのできる中国の学術のほとんどを、それまでのだれよりも高い水準で吸収していった。青年は、仏教に自らの生きる道を見出そうとして、二十歳すぎで大学を去る。十年の歳月が流れ、青年空海の卓抜なる能力と求道《ぐどう》願望を知る人がいて、空海を留学僧《るがくそう》として遣唐使の一行に加えた。延暦《えんりゃく》二十三年（八〇四）、空海は中国に渡った。今から千二百年前のことである。

空海の在唐期間はわずかに二年間であった。しかも、長安の青龍寺《せいりゅうじ》において恵果《けいか》に真言密教を学んだのは六ヶ月間にすぎない。予定されていた留学期間は二十年であったが、もはやそれ以上の滞在は無駄といいきって、八〇六年に帰国する。

帰国後の空海は、学んできた密教の教えをもとに、日本における真言密教の体系化をすすめ、多くの著作を生みだした。弘仁《こうにん》七年（八一六）、高野山《こうやさん》を下賜《かし》され、禅観《ぜんかん》の道場とし、伽藍《がらん》を創建した。承和《じょうわ》二年（八三五）、入定《にゅうじょう》（逝去）。行年六十二歳であった。

空海の業績の大きさから、また、のちに空海本人が信仰の対象になったことから、その生涯や事跡を物語る資料が多い反面、伝説伝承も多い。その中から、空海の実像を描き出そうとする試みが、昨今、数多くなされている。それらの著述でも、空海と中国文化との関わりに多少は触れてあるが、当時の日本の文化状況や空海在唐中の事跡、帰国後の著作などを考えると、空海と中国文化との関係はもっと注目されていい。

青年期の空海が都で何を学んでいたか、唐で何を見て何を学んできたか。中国文化をそのままの形で理解しえた空海は、中国文化の啓蒙活動家としての一面を持つといってよいだろう。空海の持ち帰ったものの中には、中国で滅び、日本で後世に残ることになったものもある。そういう意味で、空海は日中文化の架け橋であるだけでなく、漢字文化の時空を超えた架け橋であったといえよう。

本書は、空海のことは知っているが、中国のことはあまり知らないという人を念頭に置いて書いた。しかし、中国はそこそこ知っているが、空海は知らないという人にも読んでもらいたいと思う。私自身が後者であって、知れば知るほど、空海ってすごい、と思った、その思いを共感してもらえるのではないかと考えるからである。

なお、「空海」と書いているが、私の心の中では敬愛の念をこめて「おだいしさん」とふりがながついていると思ってほしい。

目次

## 6 空海の詩 …… 97

「十韻詩」／「十韻詩」の改作／『性霊集』／『性霊集』の詩／『性霊集』の詩を読む／『経国集』
在唐中の詩／空海の山居詩

## 7 空海の作った辞書――『篆隷万象名義』 …… 131

雑体書と異体字／『篆隷万象名義』と『説文解字』／『篆隷万象名義』と『玉篇』／『篆隷万象名義』の字義
博物学への関心／「ことば足らず」の字義／『篆隷万象名義』は備忘録／高山寺本の構成

## 8 詩文創作の手引き書――『文鏡秘府論』 …… 153

『文鏡秘府論』序／楊守敬と『文鏡秘府論』／『文鏡秘府論』の構成と内容／『文鏡秘府論』の引用文
四声の病／助字への関心／内藤湖南と『文鏡秘府論』

## 9 空海がもたらしたもの …… 171

帰国後の空海／弘仁という時代／日中の文化的時差／漢詩文の衰退／空海がもたらしたもの

参考文献 183
あとがき 186
索引 193

# 1　青年空海の学んだもの

八世紀の日本には中国文化がどんどん流れ込んでいた。当時の日本の知識人は中国の書物を学び、漢詩や漢文で自己表現をし、若い学生たちは自らもそのような知識人となることを目指していた。空海ももちろんその一人であった。ここでは、若き日の空海が学んだものについて述べてみよう。

## 十五歳で都に上る

空海は宝亀五年（七七四）讃岐国《さぬきのくに》多度郡《たどのこおり》で生まれた。今の香川県善通寺あたりである。父は佐《さ》伯直田公《えきのあたいたきみ》、母は阿刀《あと》氏であった。空海の出自や父母については先人の詳細な考証にゆだねて、ここでは省く。

延暦七年（七八八）、十五歳で都に上り、舅《おじ》の阿刀大足《あとのおおたり》のもとで学んだ。阿刀大足は、桓武《かんむ》天皇の皇子伊予親王《いよしんのう》の文学（侍講《じこう》）を務めたといわれるほどの、当時の高名な学者であった。

さて、真魚《まお》と呼ばれていた空海が上った都とはどこであったろう。平城京遷都は七一〇年であった。七十五年を経て、七八四年の十一月、長岡京に都が移された。しかし、この長岡京時代は、七八五年九月に新首都造営の中心人物藤原種継《ふじわらのたねつぐ》が暗殺される事件があるなど、終始不穏な空気に満たされていた。長岡京は結局、完成を見ることなく、七九四年の平安遷都を迎えることになるのである。したがって、空海が都に上った七八八年当時、新都はいまだに建設途中であり、前の都の平城京の諸施設がまだ使われていたと思われる。空海が身を寄せた阿刀大足が平城京と長岡京のどちらに住んでいたかは不明であるが、上記の理由で平城京であった可能性が高い。また、たとえ長岡京に住んでいたとしても、空海はたびたび奈良を訪れ、諸寺に足をはこんだと思われる（高木訷元『空海―生涯とその周辺』）。

当時、地方の支配階層の子弟であれば十三歳で国学《こくがく》（各地に置かれた国立の学校）に入るのが通例であった。すでに七七九年には、国ごとに国学を置くことになっていたから、空海が讃岐の国学で学ぶ可能性はあったのであるが、文献の上でそれを示すものはない。両親が早くから空海を将来仏弟子にしようと考えて、国学に入れなかったとも考えられるし、それを示唆する史料（『御遺告《ごゆいごう》』）もある。それには、阿刀大足が両親に「たとえ仏弟子にならんも、大学に出て文章を習わしむるにしかず」と助言したとある。しかし、『御遺告』は後世作られたものであり、事実がどうであったかは不明である。

### 大学寮明経道

空海は十八歳で大学の明経道《みょうきょうどう》に入学した。当時の大学は正式には大学寮《だいがくりょう》といい、学生数は四百人で、主な専攻としては明経道・文章《もんじょう》道・明法《みょうほう》道があった。明経道は、現代風にいうと政治学部、文章道は文学部、明法道は法学部に当たるといえよう。明経道の「明経」は「経書《けいしょ》に明るい」

という意味であり、儒教の教科書である経書に詳しくなることを目指した学科である。これら専攻ごとに博士《はかせ》一人、助教《じょきょう》二人が配置され、講師にあたる直講《ちょっこう》二人もおかれていた。その他、共通の教員として音博士《おんはかせ》がいた。

ちなみに、漢文の訓読法は、仮名が発明され定着するまでは訓点によって読法を表記していたが、仏典の訓点資料は平安初期以来かなり豊富であるにもかかわらず、外典《げてん》（仏典以外の書籍）の訓点資料は平安中期以後、諸博士家所伝のものがわずかに現存するだけである（川口久男『平安朝の漢文学』）。したがって、訓読法の発展経緯には不明な点が多いが、八世紀後半のころは、漢文は訓読ではなく音読されていたとみてよいだろう。漢文を音、すなわち中国音で読むことが普通であったので、中国音の専門家である音博士がいたのである。

## 五経と経学

ここで経書について説明をしておこう。儒教は春秋時代の孔子《こうし》（前五五一、一説に前五五二〜前四七九）が唱えた思想であるが、春秋時代とその後の戦国時代には、ほかにも多くの思想家が登場し、孔子はその一人に過ぎなかった。ところが、紀元前一三六年、漢の武帝によって儒教が国教になった。すなわち、儒教を国の唯一の学問、政治を行う際の唯一の理論としたのである。具体的には、儒教の教科書とされる五つの書物の専門家を選び、これを五経博士《ごきょうはかせ》と呼んで、官吏になる人の教育機関としたのである。中国が儒教の国といわれる、その起こりはここに始まる。

　では五経とはなにか。そもそも孔子の考えは、孔子が書いた、あるいは編集したとされる書物に盛り込まれていると考えられた。この書物を経書、あるいは五冊あるので五経といい、『易《えき》』『書《しょ》』『詩《し》』『春秋《しゅんじゅう》』『礼《れい》』（『周礼《しゅらい》』『儀礼《ぎらい》』『礼記《らいき》』）を指す。『易』『書』『詩』は後に「経」の字を付けて『易経《えききょう》』『書経《しょきょう》』『詩経《しきょう》』と呼ばれるようになった。

　『易経』は陰陽思想に基づいた占いの書で、易理論の解説部分が孔子によって書かれたとされる。周《しゅう》代に行われたとして『周易《しゅうえき》』ともいう。『書経』は『尚書《しょうしょ》』ともいい、堯《ぎょう》・舜《しゅん》から夏《か》・殷《いん》・周《しゅう》三代にわたる古代帝王の事跡を伝承的に述べた書である。『詩経』は中国最古の詩集で、周代の黄河流域の歌謡三千篇から、孔子が三百五篇を選定したといわれる。

　『春秋』は孔子の故国である魯《ろ》の隠公《いんこう》元年（前七二二）から哀公《あいこう》十四年（前四八一）までの十二代にわたる歴史書で、春秋時代という名称の由来ともなった。孔子が編纂したといわれ、孔子の理念が盛り込まれているという見方がされるようになり、その理論の解説書が書かれた。それが『公羊《くよう》伝《でん》』『穀梁伝《こくりょうでん》』『左氏伝《さしでん》』である。五経としては、前漢では『公羊伝』が採用されたが、後には『左氏伝』が採用された。

　『礼』には三種類あって、『周礼』は周代の官制の理想像が書かれた書、『儀礼』は周代の士階級の冠婚葬祭などの礼儀を述べたもの、『礼記』は礼に関する諸説を集大成した書である。五経としては、漢では『儀礼』、後には『礼記』が採用された。

後世にはここに挙げた書をすべて包括し、さらに『論語』なども入れて、経書と呼ばれるものは十三にもなったが、中心は五経である。

この経書を学ぶ学問を経学《けいがく》といい、漢以後、儒教の学問といえば経学を指すようになった。経学は、経書の一字一句の解釈をし、これを注として書き込むという方法で研究された。経学は漢代を最盛期とし、続く三国・晋《しん》・南北朝のいわゆる六朝《りくちょう》時代には低調となった。

南北朝を統一した隋《ずい》、それに続く唐の時代には、日本から遣隋使や遣唐使が派遣され、さまざまな制度を中国から取り入れた。学校制度も中国の制度を取り入れたため、当時の日本で官僚になるには、儒教を学ばなければならなかったのである。つまり、経書を学ぶ明経道という学科は、官僚を希望する者が通常選ぶコースであったのである。

**空海の専攻**

空海の当時、明経道では『孝経《こうきょう》』と『論語』が必修科目、他の『易』『書』『詩』『春秋左氏伝』『周礼』『儀礼』『礼記』から二、三経を選択して学ぶことになっていた。孔子とその弟子の言行録である『論語』と、親孝行について論じた『孝経』が必修というのは、実践道徳としての儒教を素養として学ぶことを意味する。

『孝経』は漢代には広く読まれたが、唐の玄宗皇帝《げんそう》（在位七一二〜七五六）が自ら注を書いた（『御《ぎょ》注《ちゅう》孝経』）こともあって、唐代に再び脚光を浴びることになった。日本の大学の明経道でこれが必修科目とされたのは、唐での『孝経』のリバイバルの影響もあったと思われる。

各自が選択する二、三の経書は、その人のいわば専攻分野といえよう。空海は『春秋左氏伝』『詩』『書』を選択したといわれる。『春秋左氏伝』は、『公羊伝』と『穀梁伝』が理論的な書であったのに対し、物語性が強く文学作品としても優れた書である。『詩経』は古代中国の詩を集めたもの、『書経』は古代中国の帝王の言行の記録であり、ある意味では歴史書、または古代の文章を知る手だてとなる書物である。こうして見ると、空海は早くから文学や歴史に関心を持っていたといえよう。

## 『文選』との出会い

空海の著作から見ると、『文選《もんぜん》』をよく読んでいたことが推測される。『文選』は、南朝梁《りょう》の昭《しょう》明太子《めいたいし》蕭統《しょうとう》が編纂した書物で、周から南朝梁にいたるほぼ千年間の代表的な文人百数十人の詩賦《しふ》文章八百篇余りが集められ、文体別・時代順に並べられている。

日本にも早くに伝わり、六〇四年に書かれた聖徳太子の「十七条憲法」にすでにその影響が見えるといわれる。平安時代の知識人たちによく読まれ、十世紀後半の清少納言《せいしょうなごん》『枕草子《まくらのそうし》』に「文《ふみ》

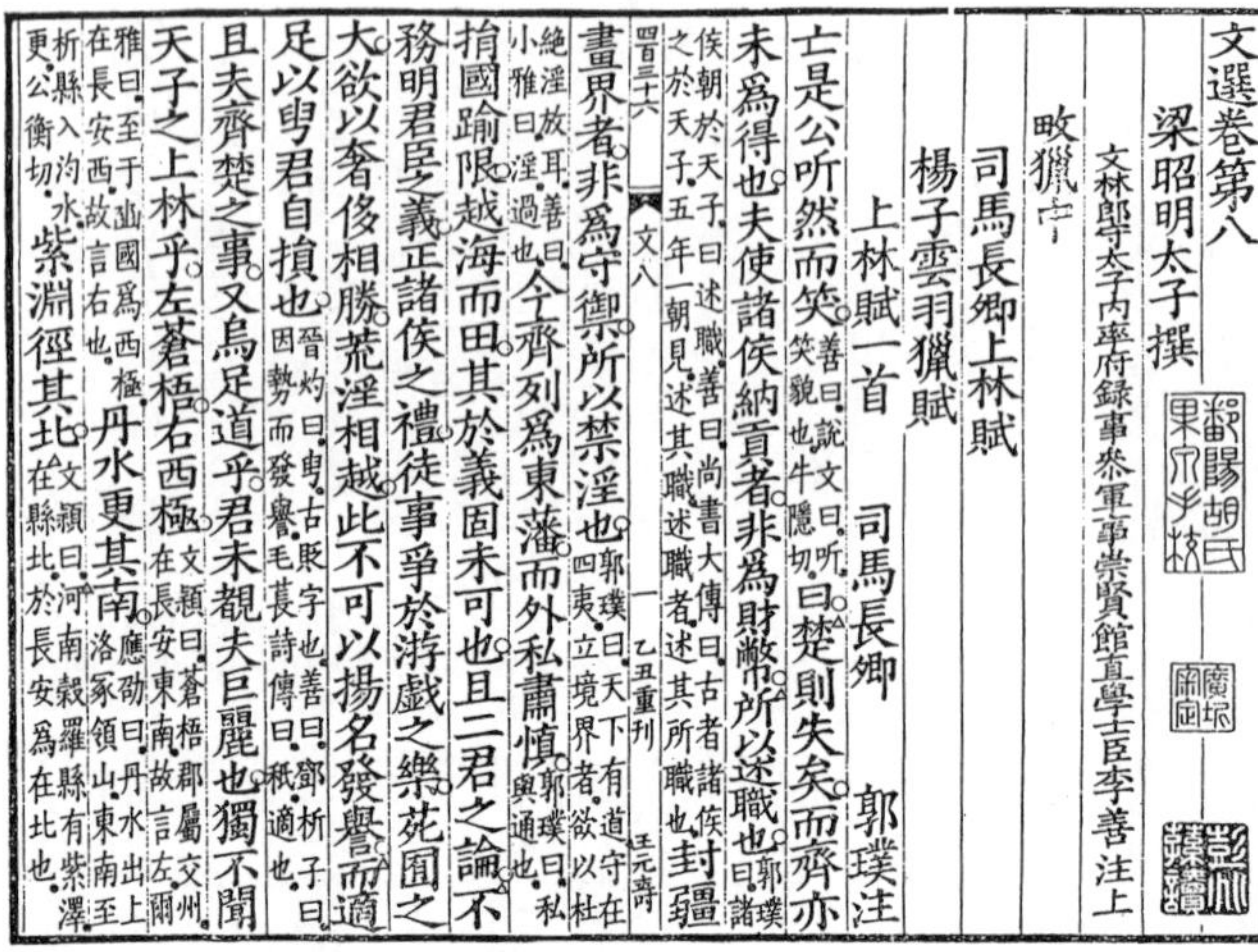

文選卷第八
梁昭明太子撰
文林郎守太子内率府録事參軍事崇賢館直學士臣李善注上
畋獵中
司馬長卿上林賦
楊子雲羽獵賦
上林賦一首　司馬長卿　郭璞注
亡是公听然而笑善曰説文曰听笑貌也牛隱切曰楚則失矣而齊亦未爲得也夫使諸侯納貢者非爲財幣所以述職也郭璞曰諸侯朝於天子曰述職善曰尚書大傳曰古者諸侯之於天子五年一朝見述其職述職者述其所職也封疆畫界者非爲守禦所以禁淫也郭璞曰天下有道守在四夷立境界者欲以杜絶淫放耳善曰小雅曰淫過也今齊列爲東藩而外私肅愼郭璞曰私與通也捐國踰限越海而田其於義固未可也且二君之論不務明君臣之義正諸侯之禮徒事爭於游戲之樂苑囿之大欲以奢侈相勝荒淫相越此不可以揚名發譽而適足以㚅君自損也晉灼曰㚅古貶字也善曰鄧析子曰因勢而發譽毛萇詩傳曰秖適也且夫齊楚之事又烏足道乎君未覩夫巨麗也獨不聞天子之上林乎左蒼梧右西極文穎曰蒼梧郡屬交州在長安東南故言左爾雅曰至于豳國爲西極在長安西故言右也丹水更其南應劭曰丹水出上洛冢領山東南至析縣入汮水更公衡切紫淵徑其北文穎曰河南穀羅縣有紫澤在縣北於長安爲在北也

『文選』（清代刊本）

は文集《もんじゅう》、文選《もんぜん》」とあることは有名である。いうまでもないが、「文集」は唐代の詩人白居易《はくきょい》（白楽天《らくてん》）の『白氏文集《はくしもんじゅう》』を指し、それと併称されているのが『文選』である。このころには、一層ポピュラーな書として宮中の女性達にも親しまれていたのであった。もっとも、全文を読みこなすほどの学識を持つものは限られていたであろう。

ちょうど聖徳太子と清少納言の中間に位置する空海の時代、知識人の誰もが読んでいたとは思えないが、阿刀大足ほどの学者であれば、『文選』の筆写本を手許に置いていたことであろう。空海は、おそらく大足の家に来たときから、『文選』を繰り返し学び、すっかり自家薬籠中のものにしていたはずである。だからこそ、二十四歳の時の著作である『聾瞽指帰《ろうこしいき》』に、『文選』の語句の引用が多く見られるのである。

## 四六駢儷体

さて、六朝時代から唐代にかけて、四六駢儷体《しろくべんれいたい》という文章のスタイルが流行していた。四六文《しろくぶん》、駢文《べんぶん》ともいう。これは四字句や六字句を連ね、対句《ついく》を多く用い、古典の言葉を多く引用し、韻にも配慮した美文体をいう。隋・唐の文化を手本としていた日本にあっても、漢文といえばこの文体を書くことが要求された。この文体の典型は『文選』に多く見ることができるため、『文選』を学ぶ必要性はここにもあった。

どのような文体であるか、空海の著作から例を挙げてみよう。

筆謝除痾、詞非殺将。欲抜彼趣、悱悱口裏。黙而欲罷、憤憤胸中。

筆は痾《あ》を除くことを謝《しゃ》し、詞《し》は将《しょう》を殺すに非《あら》ず。彼《か》の趣《おもむき》を抜《ひら》かんと欲《ほっ》すれば、口裏《こうり》に悱悱《ひひ》たり。黙して罷《や》めんと欲すれば、胸中に憤憤《ふんぷん》たり。

これは『三教指帰《さんごうしいき》』「亀毛《きもう》先生論」の中の一文である。すべて四字句からなっていることは見ての通りである。はじめの二句「筆は痾《あ》を除くことを謝《しゃ》し、詞《し》は将《しょう》を殺すに非《あら》ず」は、「筆は」「詞は」が対応していること、「謝」と「非」が否定を示すこと、「痾を除く」と「将を殺す」がどちらも故事に基づく語であることから、対句関係にあることがわかる。

「(筆が)痾を除く」は、陳琳《ちんりん》の名文が魏《ぎ》の曹操《そうそう》(武帝)の頭痛を忘れさせたという故事に基づく。これは『三国志』陳琳伝の裴松之《はいしょうし》注に引く『三国典略』に見える。「(詞が)将を殺す」は、『史記』魯仲連《ろちゅうれん》伝の、戦国末期の魯仲連の矢文《やぶみ》が名文であったので、籠城していた敵将が自殺した故事を指す。

続く「彼《か》の趣《おもむき》を披《ひら》かんと欲《ほっ》すれば、口裏《こうり》に悱悱《ひひ》たり」と「黙して罷《や》めんと欲すれば、胸中に憤憤《ふんぷん》たり」も対応関係にあることがわかるであろう。

こうした文章を書くときには、漢文体、特に駢文体の文章技術に精通しているばかりではなく、例えば「悱悱」に対して「憤憤」を用いるといった豊富な語彙力や、名文が「痾を除」き、「将を殺す」といった故事についての幅広い知識が必要になる。そのとき、大変役に立つものとして、『文選』のほかに類書《るいしょ》という一群の書物がある。

**類書に学ぶ**

類書とは、多くの書物の中から事柄や語句を拾い出して分類し編集したもので、一種の辞典、あるいは百科事典のような書物である。多くの書物を実際に手にすることができなくても、類書があれば、ある言葉の古典における用例を簡単に調べることができるのである。図書館に行って簡単に書物を見ることができる、あるいはインターネットで一瞬にして検索できるという現代とちがい、

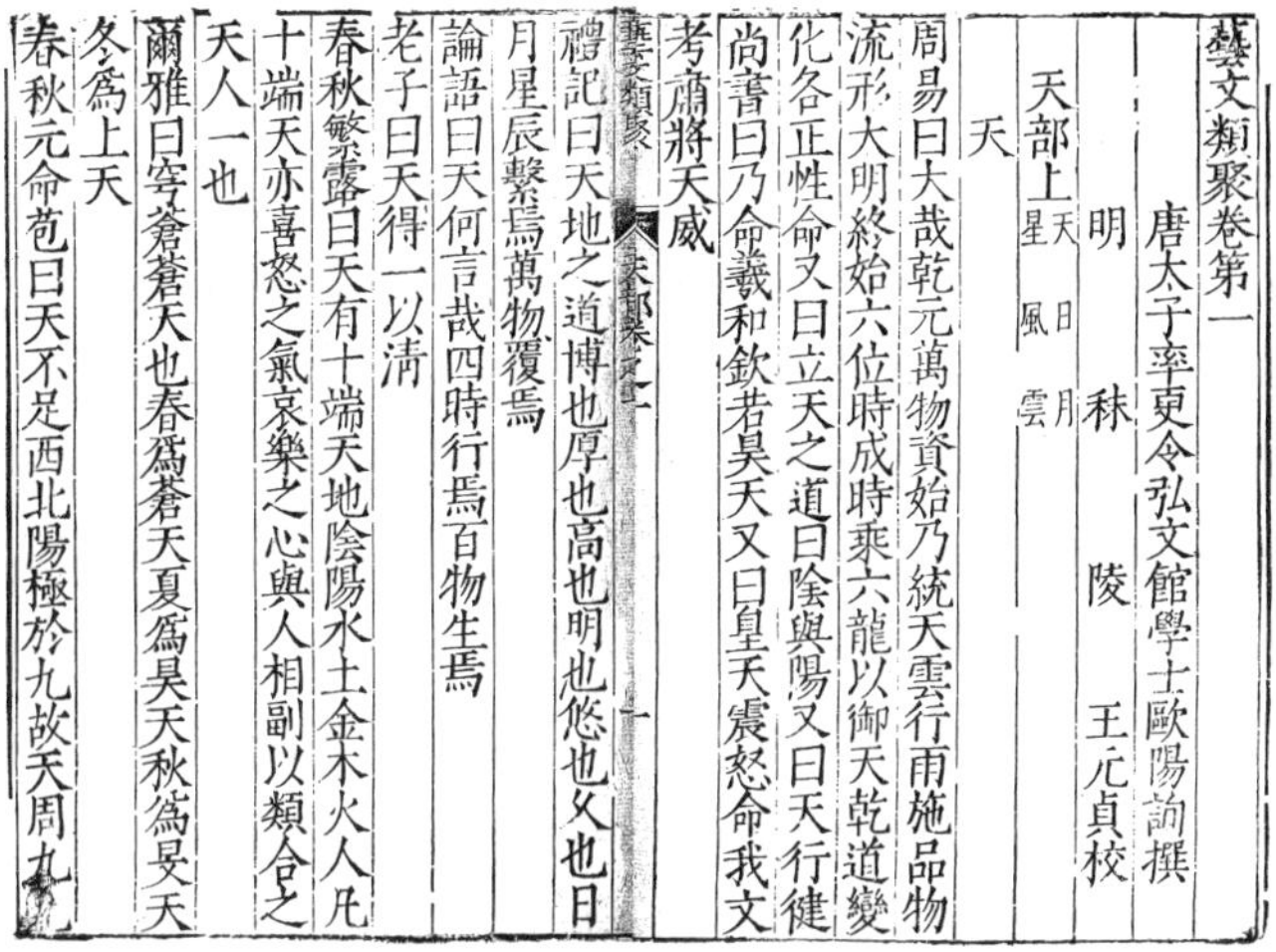

藝文類聚卷第一
唐太子率更令弘文館學士歐陽詢撰
明　秣　陵　王元貞校
天部上　天　日　月　星　風　雲
天
周易曰大哉乾元萬物資始乃統天雲行雨施品物流形大明終始六位時成時乘六龍以御天乾道變化各正性命又曰立天之道曰陰與陽又曰天行健
尚書曰乃命羲和欽若昊天又曰皇天震怒命我文考肅將天威
禮記曰天地之道博也厚也高也明也悠也久也日月星辰繫焉萬物覆焉
論語曰天何言哉四時行焉百物生焉
老子曰天得一以清
春秋繁露曰天有十端天地陰陽水土金木火人凡十端天亦喜怒之氣哀樂之心與人相副以類合之天人一也
爾雅曰穹蒼蒼天也春爲蒼天夏爲昊天秋爲旻天冬爲上天
春秋元命苞曰天不足西北陽極於九故天周九

『芸文類聚』（明代刊本）

中国から渡ってきた書物（唐代は印刷はまだ行われておらず、すべて筆写本）も限られているし、簡単にコピーできるわけではない。したがって、これこれの本にはこういう言葉がこういう使われ方をしているという例文が並んでいる類書は、とても便利な書物だったのである。空海を含めて、平安人の著作で中国の古典からの引用がある場合、実際にその書物を読んでいたとは限らない。類書に頼ったケースも多かったのである。

唐代の類書としては『芸文類聚《げいもんるいじゅう》』『初学記《しょがくき》』が代表的であるが、ほかにも今に残らない類書が日本に流入して来ていたと思われる。また、空海が後に書いたとされる『篆隷万象名義《てんれいばんしょうみょうぎ》』は『玉篇《ぎょくへん》』という書物を下敷きにしたものである。この『玉篇』は今は文字学の書物として分類されているが、類書的な性格の強いもので、平安知識人にとっては「文字に関する玉手箱」（小島憲之「空海訓詁の学の一面」）のような書物だったのである（これについてはあとで改めて述べる）。

空海は四六駢儷体が大変上手で、唐の知識人を大いに驚かしたのであったが、文章技術は『文選』の諸作品から、語彙の豊富さは類書から多くを学んだのであった。

**大学を去る**

当時の大学は官吏の養成機関で、普通は十六歳で入学し、官吏として採用される最終年齢の二十五歳まで九年間在学して、官吏の登用試験に合格できないものは退学処分になった。あくまで官吏になるための学校であるから、授業も博士の教えることをそのまま憶えるというもので、想像力や好奇心、探求心の強い若者には退屈なものだったはずである。ことに明経道は、経書の伝統的な注をそのまま暗記していればいいのであるから、空海には学ぶには足らずと思えたことと想像できる。

ところで、隋（五八一～六一八）は二代で終わったが、初代の文帝は科挙《かきょ》（官僚の登用試験）の制度を定め、これは清朝末期まで続いた。二代目の煬帝《ようだい》は東西に流れる黄河・淮水《わいすい》・長江などの大河を南北に繋ぐ大運河を築き、運輸交通に利便をもたらした。日本からの遣唐使もこの運河を通って長安をめざしたのである。

科挙とは、科目に分けて推挙するという意味である。時代によって変遷があるが、唐代の科挙の主な科としては明経科《めいけいか》と進士科《しんしか》があった。明経科は、経書とその注を全部憶えていって受験する。大変な暗記力が必要で猛勉強しなければならないが、これに合格してもあまり世間は褒めてくれない。世間の評価が低かったのである。一方、進士科は詩や文章の能力を競う。この合格者は褒めたたえられ、出世も早かった。

唐という時代はそういう時代で、詩や文章の上手な人が尊敬された。この傾向は大なり小なり以後も続く。官吏の才能、政治家の才能が、詩文の上手さで測られるということがずっと行われたのである。中国が近代化に遅れた理由の大きな一つにこのことがあげられるだろう。

空海が唐より帰国したころから、日本でも詩文が流行する。大学においては、従来の文章道が歴史書の文もあわせ学ぶ紀伝道《きでんどう》となり、これが明経道より優勢になった（桃裕行『上代学制の研究』）。唐の風潮が遅れて現れたのである。この傾向がもう少し早く起こっていて、空海が大学の文章道に学んでいたら、文学的才能が大いに発揮され、大学の授業にも満足し、官吏の採用試験を受けて、そして有能な官僚で終わったかもしれない、弘法大師は存在しなかったかもしれない、と司馬遼太郎氏はいう（『空海の風景』）。空海にとって、そして後世の日本人にとって幸いなことに、詩文の流行は空海の帰国後のことであった。空海の詩文の名手としての名声が、伝法者としての空海に役立ったことはいうまでもない。

それはさておき、青年空海は二十歳を過ぎるころ、大学を去った。このあと、入唐までの足取りはわかっていない。

# 2

# 青年空海の著作——『聾瞽指帰』

『聾瞽指帰《ろうこしいき》』は空海の最初の著作である。序文に「延暦十六年臘月《ろうげつ》之一日」の日付けがあり、七九七年、空海二十四歳の時であることがわかる。空海自筆といわれる『聾瞽指帰』には、日本三筆と称えられる後年の空海の筆の風韻はまだ見られないが、反面、内に押さえきれない才気のほとばしりが見る者の心を打つ。後に（おそらく唐から帰国後）序文と末尾の「十韻詩《じゅういんし》」を書き換え、本文を一部改変して『三教指帰《さんごうしいき》』とした。この章では両『指帰』の特にどちらかを指す場合以外は『指帰』と呼ぶことにする。

**日本人と漢文**

『聾瞽指帰』が誕生するまでの、日本における漢文の歩みを簡単に振り返ってみよう。日本人が書いた漢文として最も古い例は、南朝宋の歴史書である『宋書《そうじょ》』巻九十七夷蛮《いばん》伝の倭国《わこく》伝にある。順帝の昇明二年（四七八）、倭の国王が使者を中国に派遣して献上した上表文がそれである。

順帝昇明二年、遣使上表曰、「封国偏遠、作藩于外、自昔祖禰、躬擐甲冑、跋渉山川、不遑寧処。東征毛人五十五国、西服衆夷六十六国（以下略）

　順帝昇明二年、使いを遣《つか》わして上表せしめて曰《いわ》く、「封国《ほうこく》は偏遠《へんえん》にして、藩を外に作《な》す。昔自《よ》り祖禰《そでい》、躬《みずか》ら甲冑《かっちゅう》を擐《つらぬ》き、山川を跋渉《ばっしょう》し、寧処《ねいしょ》に遑《いとま》あらず。東のかた毛人《もうじん》を征すること

五十五国、西のかた衆夷《しゅうい》を服すること六十六国（以下略）

上表文の献上が事実であったとしても、この全文二三七字からなる堂々たる文章が、当時の日本の宮廷において大陸文化の指導役であった帰化人の手に成った可能性があることは否定できない。ちなみに、この時の倭国王は『宋書』では「武」と記されていて、雄略《ゆうりゃく》天皇と見られている。

それから一二〇年余りたった六〇四年、聖徳太子が自ら作ったという「十七条憲法」が登場する。聖徳太子の周辺に帰化人が多数いたことは明らかで、太子の自作であったとしても、帰化人の指導が大なり小なりあったことは考えられる。しかし、『法華経《ほけきょう》』『維摩経《ゆいまきょう》』『勝鬘経《しょうまんきょう》』の注釈書、いわゆる「三経義疏《さんぎょうぎしょ》」を著した聖徳太子には、充分な漢文力があったのも事実であった。第一条を下に示してみよう。

以和為貴、無忤為宗。人皆有党、亦少達者。是以或不順君父、乍違于隣里。然上和下睦、諧於論事、則事理自通、何事不成。

和を以《もっ》て貴《とおと》しと為《な》し、忤《さから》うこと無きを宗《むね》と為す。人皆《み》な党《とう》すること有りて、亦《ま》た達する者少なし。是《ここ》を以て或《あ》いは君父《くんぷ》に順《したが》わず、乍《あ》いは隣里《りんり》に違《たが》う。然《しか》れども上和《かみわ》し下睦《しもむつ》み、事を論ずるに諧《かな》えば、則《すなわ》ち事理自《おのずか》ら通じ、何事か成《な》らざらん。

この中には『礼記』『春秋左氏伝』『荘子《そうじ》』『論語』『孝経』などに典拠を持つ語句が用いられている。こうした古典の語と同時に仏教語が用いられていることが「十七条憲法」の特色であるが、このことは、のちの山上憶良《やまのうえのおくら》の漢文や、日本最古の漢詩集『懐風藻《かいふうそう》』に載せる僧の小伝を記す漢文の先駆をなし、「『三教指帰』などの漢文もまた、この流れを汲むものと見ることができるであろう」と福永光司氏はいう（「空海における漢文の学―『三教指帰』の成立をめぐって」）。また、福永氏は、「十七条憲法」の文中に『三教指帰』と共通するか類似する語句がいくつかあると指摘している。

さらに約一一〇年後、七一二年の『古事記』の序になると、中国人の漢文に比べて遜色のないものになっている。福永氏は、ここで展開される道家・道教的な宇宙生成論と同様の宇宙論が、『三教指帰』にも見られるが、それは六朝後半期に見られる宇宙論の要約であったと前掲論文で述べている。

こうして奈良時代中期に至るまでに、朝鮮半島からの多数の学者・学僧の帰化や、中国への留学《るがく》生《しょう》・留学僧の派遣などにより、日本人の漢文力は高い水準に達していたのである。

### 遣唐使の漢文

七〇一年に遣唐使になった粟田真人《あわたのまひと》は、『唐書《とうじょ》』東夷伝《とういでん》に、学問を好み、文を作ることに通じていたと紹介されている。

長安三年、其《そ》の大臣朝臣《あそん》真人来たりて方物《ほうぶつ》を貢す。（中略）真人好んで経史を読み、文を属《つづ》るを解し、容止《ようし》温雅なり。則天《そくてん》これを麟徳殿《りんとくでん》に宴《えん》し、司膳卿《しぜんけい》を授け、本国に放還せしむ。

――長安三年、日本から大使として朝臣（八種の姓《かばね》の第二位）の粟田真人が来朝して日本の産物を献上した。（中略）真人はよく経書や史書を読み、文章もうまく、身のこなしが穏やかで優雅であった。則天武后《そくてんぶこう》は彼を麟徳殿でもてなし、司膳卿（宮廷の料理を司る役所の長官で従三品）の位を授け、本国に帰した。

長安三年は七〇三年、則天武后の晩年に当たる。

真人の使節団に加わり、七〇四年に帰国した山上憶良は、七三三年に優れた漢文「沈痾自哀《ちんあじあい》の文」を残している（『万葉集』巻五）。「沈痾」は長く治らない病気のこと。引用語句は仏典、および道教の理論書『抱朴子《ほうぼくし》』に拠るものが多く、『遊仙窟《ゆうせんくつ》』など唐代の小説類からも引かれていることが特徴となっている。空海の『指帰』にも『抱朴子』『遊仙窟』に基づく語句が使用されていることを考えると興味深い。

また、『唐書』東夷伝には、唐に渡って高官となり、帰国することのなかった阿倍仲麻呂《あべのなかまろ》のことも記されている。

其の偏使《へんし》朝臣仲満《ちゅうまん》、中国の風を慕い、因《よ》りて留まりて去らず、姓名を改めて朝衡《ちょうこう》と為す、仕《つか》えて左補闕《さほけつ》・儀王友《ぎおうゆう》を歴す。衡 京師《けいし》に留まること五十年、書籍を好む。放ちて帰郷せしめらるるも、逗留して去らず。

――日本から派遣されてきた朝臣の仲満（仲麻呂）は、中国の風気を慕って、この国に留まり帰国せず、姓名を朝衡と改めて仕官し、左補闕（門下省《もんかしょう》に属し天子を諫めてその過失を補う官、従七品）・儀王府の友（玄宗の子である儀王李璲《りすい》の役所の役人、従五品）を歴任した。衡は長安に五十年滞在し、読書を好んだ。帰国を許されたが、中国に留まって帰郷しなかった。

阿倍仲麻呂は、日本では「天《あま》の原《はら》ふりさけみれば春日《かすが》なる三笠《みかさ》の山にいでし月かも」の歌で知られているが、唐では中国名の晁衡《ちょうこう》あるいは朝衡で知られ、唐の詩人王維《おうい》（六九九～七五九）や李白《りはく》（七〇一～七六二）と交友関係を持っていた。仲麻呂が帰国しようとして出航したとき、王維は「秘《ひ》書《しょ》晁監《かん》の日本国に還《かえ》るを送る」の詩を送った。秘書監は秘書省の長官で従三品の位である。仲麻呂の船は遭難し、結局、唐にもどることになったのであるが、一時、都には仲麻呂の死が伝えられて、李白はその死を悼む詩「晁卿衡《ちょうけいこう》を哭《こく》す」を書いた。仲麻呂の詩は『文苑英華《ぶんえんえいが》』という唐代詩文の傑作集に収載されている。

以上のような、日本における漢文の学の数百年にわたる積み上げの成果を踏まえて、空海の『指帰』は登場したのであった。空海は、先行する優れた漢文を熟読し、多くの知識を得ていたのである。

### 三教とは

さて、『聾瞽指帰』の「聾瞽」というのは、無知の闇に閉ざされて真実を知らない者のことをいう。「指」は「旨」と同じ。「指帰」はおもむき帰するところの意味で、究極の真理をいう。つまり『聾瞽指帰』は「愚か者にしめす真理」という意味、『三教指帰』は「三教についての真理」という意味になるといえよう。

三教というのは儒教・道教・仏教のことである。儒教は孔子を祖とする教えで、前章で述べたように、紀元前二世紀の前漢時代から、中国での政治や教育の基本思想として用いられてきた。道徳による政治を理想とし、父母や年長者に対する孝悌《こうてい》の実践を唱えた。また、社会の秩序維持のための規範を礼といい、これを重視した。

道教は、古くからの民間信仰をもとに発展してきた中国オリジナルの宗教である。不老長寿を得るための方法、すなわち神仙術《しんせん》を中心に、現世での幸福を願う宗教で、発展の過程で老子や荘子の思想も包括していった。後漢末期から教団化が見られ、六朝時代には信者層が拡大し、知識人層にも浸透していた。

仏教は後漢時代、一世紀ごろに中国に伝来し、魏晋になると知識人にも受け入れられるようになった。東晋から南北朝時代にかけては、優れた僧侶が相継いで現れ、仏典翻訳も本格的に行われるようになった。しかし、仏教が広まるにつれ、儒学者あるいは道教徒との間に摩擦が生じるようになる。特に、子孫を残し父祖の祭祀を継続することが孝であるとする儒教としては、家を出て子孫を作らない仏教の出家主義を認めるわけにはいかない。道教と仏教の間では勢力争いの要素も大きかった。

## 三教をめぐる議論

こうした中で、この三教を比較して論ずることが行われるようになった。本来、侵すべからざる聖なる教えであるはずの儒教が、優劣を比較されるということは、それだけ仏教・道教が盛んであったことを物語る。こうした論の中には、儒仏一致や道仏一致、また三教一致を説くものもあった。

例えば、北斉《ほくせい》の顔之推《がんしすい》の『顔氏家訓《がんしかくん》』帰心篇には次の一文がある。

内外両教、本《もと》は一体為《た》り。漸極《ぜんきょく》異を為《な》し、深浅同じからず。内典初門、五種の禁を設《もう》く。外典《げてん》の仁義礼智信、皆なこれと符《ふ》す。仁は不殺の禁なり、義は不盗の禁なり、礼は不邪の禁なり、智は不淫の禁なり、信は不妄の禁なり。（中略）周孔に帰して釈宗《しゃくしゅう》に背《そむ》くは、何ぞ其れ迷いならん。

——仏教と儒教はもともと一体のものである。両者には、これから次第に育っていくか成熟に至ったか、深いか浅いかの違いがあるだけである。仏典の初歩では五種の禁（五戒）を説いている。儒教の仁義礼智信は、すべてこれと一致する。仁は殺すなかれの禁に、義は盗むなかれの禁に、礼は邪《よこしま》なるなかれの禁に、智は淫《みだら》なるなかれの禁に、信は妄語するなかれの禁にあたる。（中略）周公・孔子の教えに帰依して仏教に背をむけるのは、なんと迷妄なることか。

仏教と儒教の根本は同じで、仏教の説く五戒は儒教の仁・義・礼・智・信に符合するという。この論法は儒仏一致あるいは三教一致を説く場合の常道といっていいだろう。

唐代に入ってからの三教にも、おおむねこうした状況が続く。儒教では、漢代に経書の学問が盛んであったが、やがて字句の解釈学に終始するようになる。その結果、経書それぞれに多くの注釈が作られ、南北朝時代には南北で採用する注釈が異なることになったので、経書の解釈を統一するため、太宗《たいそう》は孔穎達《くようだつ》らに命じて『五経正義《ごきょうせいぎ》』を編纂させた。これは、いわば儒教の国定教科書であった。しかし、このことはかえって儒学の発展を閉ざし、停滞を招くことになった。中唐になって韓愈《かんゆ》が登場し儒学復興を唱えるが、儒学が盛んになるのは宋代まで待たなければならなかった。歴代皇帝も、たとえば太宗と玄宗は孔子の尊崇を図り、儒教道徳の実践を勧めたが、人々の興味を集めることはできなかった。

　道教は、教団化の過程で始祖に祭り上げられた老子（李耳《りじ》）と唐王室の姓が同じ「李」であることから、手厚い保護を受けた。また、仏教も六朝以来盛んで、人々の信仰をますます集めていた。そこで起こったのが、仏教と道教の論争であった。唐初の太史令《たいしれい》（天文暦算をつかさどり歴史を記録する官）であった傅奕《ふえき》は、高祖《こうそ》の武徳四年（六二一）に仏教排斥を主張する上表文を献上した。この論は当時の仏教界に大きな衝撃を与えた。これに対して、仏教側から法琳《ほうりん》が『破邪論《はじゃろん》』を出して反撃し、続いていくつかの同種の論文が出された。傅奕側も、李仲卿《りちゅうけい》らが仏教を攻撃し、傅奕自身も七度も上書して、高祖に仏教廃棄を迫った。法琳もふたたび『弁正論《べんしょうろん》』で反撃した。

　高祖は群臣に議論させたが、結論を出すことができず、武徳九年（六二六）に道教と仏教を整理して、都に三寺二観（観は道教寺院。資料によっては一観あるいは三観ともいう）、諸州に一寺一観とし、その他は廃棄、僧尼や道士も厳選して、選にもれた者は還俗《げんぞく》させようとした（実際はまもなく中止された）。

その後、激しい道仏の論争も下火になり、やがて、儒教も含めた三教融合の風潮が出てくる。則天武后の時代には、三教混同といってよい特殊な状況が展開した。

玄宗は儒教では『孝経』、道教では『道徳経《どうとくきょう》（老子）』、仏教では『金剛経《こんごうきょう》』を最も重視し、これらに注釈した『御注《ぎょちゅう》孝経』『御注道徳経』『御注金剛経』を書いた。これも、玄宗の三教融和政策の現れといえよう。

空海の『指帰』は、これら唐代の三教関係の影響を受けているが、注目されるのは『三教指帰』序文の次の言葉である。

聖者　人を駆《く》するに、教綱《きょうこう》三種あり。所謂《いわゆる》釈李孔なり。浅深隔《へだた》り有りと雖《いえど》も、並びに皆な聖説にして、若《も》し一羅《いちら》に入《い》れば、何ぞ忠孝に乖《そむ》かんや。

——聖人が人を導くには三種の根本的な教えがある。それが、いわゆる「釈（仏教）」「李（道教）」「孔（儒教）」で、浅い深いの差はあるが、いずれも聖人の説であり、その同じ網の中に入るのであれば、どうして忠孝に背くことがあろうか。

ここでは三教に共通点を見出している。すなわち、三教はみな聖人の教えで、どれも忠孝の道に背かないという。この論旨は『聾瞽指帰』の序文にはないので、『三教指帰』の序文は、唐における三教融合の風潮の影響を受けたあと、帰国後に書かれたのであろうと加地伸行氏は述べている（「空海と中国思想と―『指帰』両序をめぐって」）。

## 『指帰』の内容構成

それでは、『指帰』の内容はどのようなものであろうか。『聾瞽指帰』はおよそ八五〇〇字、冒頭に「鼈毛《べつもう》先生論」「虚亡《きょぼう》隠士論」「仮名乞児《かめいこつじ》論」「観無常賦《かんむじょうのふ》」「生死海賦《しょうじかいのふ》」と見出しが立てられていて、内容はその順で展開し「十韻詩《じゅういんし》」で終わる。『三教指帰』では上中下に巻立てされ、巻上は「序」と「亀毛《きもう》先生論」、巻中は「虚亡隠士論」、巻下は「仮名乞児論」となっており、巻下には「観無常賦」「生死海賦」が含まれて、「十韻詩」で終わっている。両『指帰』は「序」と「十韻詩」が異なっていて、本論は語句の改変が一七六ヶ所（諸テキストに一致して異なる箇所数）ある（大柴慎一郎「『三教指帰』真作説」）。

「序」は、この書物を書くに至った動機と意図について述べ、「亀毛先生論」（ここでは『三教指帰』に従う）は儒教の思想、「虚亡隠士論」は道教の思想、「仮名乞児論」は仏教の思想について述べている。

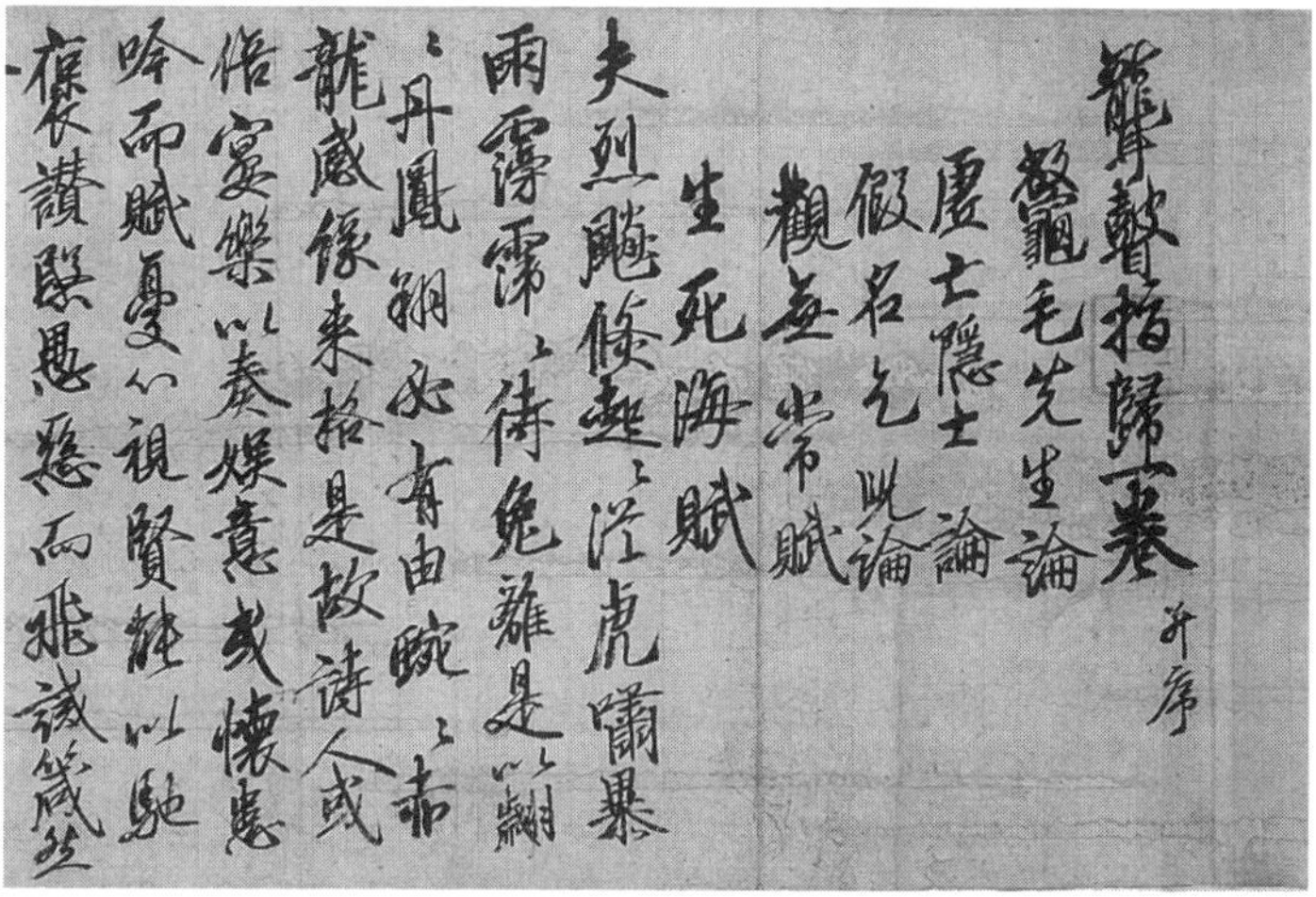

空海筆『聾瞽指帰』（金剛峯寺蔵）

文体は四六駢儷体で書かれていて、戯曲の体裁をとっている。ドラマは、亀毛先生と呼ばれる儒者が大きな館の主、兎《と》角公《かくこう》を訪ねるところから始まる。甥《おい》の蛭牙公子《しつがこうし》の非行に悩んでいた兎角公は、甥を教え諭すことを亀毛先生に依頼する。亀毛先生は忠孝を説き、道徳を身につけ学問をすれば、官界での栄達を果たし、伴侶を得て幸福な生活を営むことができると論じて、公子を説得する。

そこに虚亡隠士が現れる。亀毛先生と兎角公の依頼に応えて、虚亡隠士は祭壇《さいだん》を設けて儀式を行ったのち、不老長生の神仙術を説く。それを聞いて感服した亀毛先生、兎角公、蛭牙公子の三人がひざまづく。

次に仮名乞児が登場するが、まずこれまでの修行の苦しみや出家の動機、家族の悲劇などを独白したあと、館にやってくる。そして、広大無辺な仏教の真理を説き、六道輪廻《りくどうりんね》や因果応報《いんがおうほう》などを語り、八百余言の「観無常賦」と千余言の「生死海賦」を朗唱し、最後に「十韻詩」を歌って終幕する。

このような構成のヒントとなったものには、漢の司馬相如《しばしょうじょ》の「子虚上林賦《しきょじょうりんふ》」が考えられる。賦というのは漢代に流行した半詩半文の文学ジャンルで、四六駢儷体はこれが発達したものである。司馬相如は賦の代表的作者で、「子虚上林賦」は『文選』に載せられている。この賦では虚言を意味する子虚《しきょ》という名の人物と、架空の人間を意味する烏有《うゆう》先生、実在しないという意味の亡是公《ぼうぜこう》が登場して、子虚が楚《そ》王の庭園の見事さを述べ、烏有先生が斉《せい》王の庭園を自慢し、最後に亡是公が天子の上林苑《じょうりんえん》のすばらしさを説くという構成になっている。『指帰』と比べると、架空の人物名もよく似ていて、影響を受けているのは明らかである。

また、やはり『文選』にある漢の王褒《おうほう》「四子講徳論《ししこうとくろん》」も、微斯文学《びしぶんがく》、虚儀夫子《きょぎふうし》、浮遊《ふゆう》先生、陳《ちん》丘子《きゅうし》という四人の対話により、帝王の功徳を明らかにしていく筋立てである。道徳を強調し忠孝を勧めることなど、「亀毛先生論」との共通点が見られる。

また、前段で触れた唐の法琳『弁正論』の第一巻・第二巻の「三教治道篇《さんきょうちどうへん》」も、四人が儒仏道三教を論じるという構成をとる。その四人とは、道教と仏教は政治上無用であるとする上庠公子《じょうようこうし》、三教のそれぞれの美点を認める古学通人《こがくつうじん》、道教を信奉する偏執儒生《へんしつじゅせい》、仏教の実践者である総持開士《そうじかいし》である。この「三教治道篇」は文章表現や構成において、最も『指帰』との共通点が多いとみなすことができる。

このように、『指帰』は上記の諸論に構成を借りたものだといえるが、空海の独創性は、「登場人物に実在性を匂わせるような肉付けを試みている」こと(興膳宏「空海と漢文学」)と、構成の中に仮名乞児の独白のシーンを加えていることにある。明らかに空海の自画像というべき仮名乞児の語る半生記は、空海の伝記の空白を埋める資料であると同時に、この『指帰』をドラマとして奥行きのあるものにしている。「中国古典から真摯に学びながら、単なるまねごとに終わらず」「新しい独自の文学を生み出しえた」(興膳前掲論文)と目される『指帰』は、日本にまだ物語文学が登場していない時代の、画期的な戯曲文学であり思想文学であるといえよう。

## 『指帰』の典拠

『指帰』は全篇にわたって、ほとんど全ての文章に中国古典に典拠のある字句を用いている。典拠となっている書物は執筆当時の空海の読書範囲をほぼ示すことになる。福永光司氏はこれを次の四つに分けている(前掲論文)。

㈠ 漢詩漢文の基本的な教養に関するもの

㈡ 儒教もしくは経学に関するもの

(三) 老荘思想ないしは神仙術、道教に関するもの

(四) 仏典ないしは仏教の教理や修行法に関するもの

このうちの(一)には、まず『文選』があげられる。南朝梁の時代に編纂された詩文の傑作集であるこの書に典拠を持つ語が圧倒的に多い。次に目立つのは、『芸文類聚』『初学記』という唐代の類書である。『史記』『漢書《かんじょ》』『後漢書《ごかんじょ》』『三国志』『晋書《しんじょ》』『北周書《ほくしゅうしょ》』『隋書《ずいしょ》』などの正史も多く用いられており、漢・陸賈《りくか》の『新語』や劉向《りゅうきょう》の『説苑《ぜいえん》』、南朝宋・劉義慶《りゅうぎけい》の『世説新語《せせつしんご》』、および北斉・顔之推の『顔氏家訓』に基づく字句もしばしば現れている。他に、唐代の伝奇小説『遊仙窟』を踏まえた表現が数ヶ所ある。『遊仙窟』は中国では失われてしまい、日本に写本が残っていたことで有名な書である。山上憶良の「沈痾自哀の文」にも引用されているが、憶良がこの文章を書いたのは、空海より五十年ほど前の七三三年のことで、空海がこの文章を読んでいた可能性は高いといえよう。

(二)については、『易経』『書経』『詩経』『春秋左氏伝』『礼記』『周礼』『儀礼』『孝経』『論語』などの経書のほか、『孟子《もうし》』や『孔子家語《こうしけご》』『韓詩外伝《かんしがいでん》』も見られる。

語句の典拠のみならず、亀毛先生の展開する、孝と忠の実践により立身出世を得て、その家に名誉をもたらすという筋書きは、『孝経』を想起させる。『孝経』の首章「開宗明義章《かいそうめいぎ》」の、有名な「身体髪膚《しんたいはっぷ》、これを父母に受く、敢《あ》えて毀傷《きしょう》せざるは、孝の始めなり」ということばは、「身を立て

道を行い、名を後世に揚《あ》げ、以て父母を顕《あきら》かにするは、孝の終わりなり」と続く。これに、君主への献身である忠を加えたのが、亀毛先生の論である。なお、福永光司氏は、君父に対する忠孝の教えを一貫して強調していることから、執筆当時の直接的資料は、これらの経書や儒家の書よりも、むしろ唐・法琳の『弁正論』中の「三教治道篇」であったのではないかと指摘している（前掲論文）。

㈢に関するものとしては、『老子』『荘子』『淮南子《えなんじ》』『列子《れっし》』『抱朴子』『列仙伝《れっせんでん》』『神仙伝《しんせんでん》』などがある。特に目立つのは『抱朴子』で、虚亡隠士の道教論議のほとんどは『抱朴子』の記述に基づいている。これは晋の葛洪《かっこう》の著で、道教の理論書としては最も古いものである。唐代の教団道教が流入することを警戒していた日本においては、道教文献はほとんど見ることができなかったため、老荘あるいは『抱朴子』で道教をとらえていたのであろう。ほかにも多くの書名があがるが、『芸文類聚』など類書から引いたケースも多かったと思われる。

㈣としては、『金光明最勝王経《こんこうみょうさいしょうおうきょう》』『法華経』『維摩経《ゆいまきょう》』『涅槃経《ねはんぎょう》』『華厳経《けごんぎょう》』『梵網経《ぼんもうきょう》』『金剛般若経《こんごうはんにゃきょう》』『仁王般若経《におうはんにゃきょう》』『智度論《ちどろん》』『成唯識論《じょうゆいしきろん》』『倶舎論記《ぐしゃろんき》』『四分律』『五分律』など。このうち、『金光明最勝王経』『法華経』を踏まえた文章・字句が多く見られ、前者からは兎角・蛭牙・亀毛の名も取られている（福永前掲論文）。また、そのほかの書名からは、空海が奈良朝当時までに伝来していた仏典に精通し、奈良六宗といわれる三論宗《さんろんしゅう》・成実宗《じょうじつしゅう》・律宗《りっしゅう》・華厳宗《けごんしゅう》・倶舎宗《ぐしゃしゅう》・法相宗《ほっそうしゅう》にわたる教養を身につけていたことがわかる。
しかし、福永氏は、空海執筆の直接的資料は、唐・道宣《どうせん》（五九六〜六六七）による『広弘明集《こうぐみょうしゅう》』『続高僧伝』『集古今仏道論衡《しゅうここんぶつどうろんこう》』などではなかったかと推定している。特に『広弘明集』は、『指帰』において『文選』や『芸文類聚』と同等の位置を占めるといってよい。南北朝・隋・唐初の儒仏道三教に関する論述を編集し解説を加えたこの書は、『魏書《ぎしょ》』釈老志《しゃくろうし》、『顔氏家訓』帰心篇、法琳『弁正論』『破邪論』など、空海の三教論の形成に少なからず影響を与えたであろう論著を含んでいるからである。

『指帰』には、以上に述べたように中国の思想や文学の影響が色濃く反映されている。もちろん、中国の文学や思想の影響を多く受けているからといって、『指帰』の価値が下がるわけではない。むしろ、多くの中国書を読みこなし、自らの思想を語るのに最もふさわしい構成と文体、表現を選び、日本の思想史上に傑出した著作を生み出したこと、しかもそれを二十四歳という青年が成し遂げたことは、特筆すべきことであろう。

# 3 空海の渡唐

空海は延暦二十三年（八〇四）派遣の遣唐使の一行に加わって唐に渡った。留学期間は二十年の予定であった。しかし、二年後、目的を果たした空海は帰国する。この奇跡の二年間を、空海はどのように過ごしたのだろうか。

## 遣唐使

まず、遣唐使について少し述べてみよう。遣隋使・遣唐使は本来は朝貢使《ちょうこうし》である。朝貢とは、諸侯や属国から使節が来朝して、天子に貢ぎ物をたてまつることである。具体的には、圧倒的に強大で先進国であった中国に対して、周辺の諸国が臣下としての礼を尽くして貢ぎ物を持って挨拶に行くことで、そうすることによって自国の平安を守る、外交上の儀礼なのである。

皇帝は毎年正月元旦に朝貢の儀を行い、諸国からの使節に会見した。日本の遣隋使が最初、六〇七年から六〇九年までは毎年派遣されていたのはそのためであろう。しかし、遠距離であることから、毎年でなくともよいとされたと思われる。ただ、行くからには正月に長安に着くことができるように出発したのであった。

唐代の中国は太宗の「貞観《じょうがん》の治《ち》」（六二七〜六四九）を経て政治的に安定し、社会・経済・文化のいずれにおいても空前の繁栄の時期を迎えていた。アジア諸国は外交上、唐と平和な関係を保つために朝貢し、同時に唐から多くのことを学ぶために、多くの人材を派遣した。

日本は、六四五年の「大化の改新」の後、唐の制度や文化を吸収する必要に迫られ、遣唐使の派遣を積極的に行った。また、遣唐使（大使）はすぐに帰国するが、留学生《るがくしょう》は何年も何十年も逗留することがあった。

やがて、繁栄を誇った唐も安禄山《あんろくざん》の乱（七五五〜七六三）以後、衰退の一途をたどる。一方、日本はそのころには独自の社会体制や文化を生み出していた。九世紀になると、遣唐使派遣にも消極的になり、空海が参加した八〇四年の派遣のあとは、三十年後の承和元年（八三四）に藤原常嗣《ふじわらのつねつぐ》が遣唐使に任命されるまで実施されなかった。この派遣も苦難を重ね、八三八年、三度目の出帆によってようやく唐に着いた。これが最後の遣唐使である（佐伯有清『最後の遣唐使』）。

それから五十六年後、八九四年に菅原道真《すがわらのみちざね》が遣唐使に任命されるが、道真の提言に従って中止され、以後派遣されることはなかった。唐が滅んだのは、その十三年後、九〇七年のことである。

日本からの遣唐使は、主に金銀・絹などの朝貢品をたてまつり、錦などの高級絹織物や銀器などの下賜《かし》品を賜った。奈良・東大寺の正倉院御物は唐からの下賜品とは限らないが、あの御物にみられるような優れた工芸品などを持ち帰ったと思われる。

遣唐使一行は、朝貢品以外にも金（砂金）・銀・絹を持ち込み、中国の品物を購入し、帰国後、販売もしたようである。書物も多く持ち帰っている。中国で散逸した書物の写本が日本に現存する例は少なくないが、遣唐使船によって日本に持ち込まれたものも多かったのであろう。

## 中国への航海

遣唐使一行の船団の規模は当初は一、二隻であったが、八世紀になると四隻の船団になり、五百人前後の人を乗せて行くようになった。『延喜式《えんぎしき》』大蔵省式によると、一行には大使・副使・判《はん》官《がん》・録事・知乗船事《ちじょうせんじ》・訳語《おさ》・請益生《しょうやくしょう》・主神《かんづかさ》・医師・陰陽師《おんみょうじ》・画師《えし》・史生《ししょう》・射手《しゃしゅ》・船師・音声《おんじょう》長・新羅奄美訳語《しらぎあまみおさ》・卜部《うらべ》・留学生・学問僧・傔従《けんじゅう》・雑使・音声生・玉《ぎょく》生・鍛《たん》生・鋳《ちゅう》生・細工《さいく》生・船匠・柂《かじ》師・傔人・挾杪《かじとり》・水手《かこ》長・水手などがいた。大使の船が遭難しても副使が任を果たせるように、使節・官員は四隻に分かれて乗り込んだ。このような大所帯であったが、中国に到着しても長安入りを許されるのは、そのうちのごく一部であった。

遣唐使のルートとしては、最初は九州から壱岐《いき》、対馬《つしま》を経て朝鮮半島南部に到着、そこから朝鮮半島の西岸沿いに進み山東半島に到着する航路を通った。これを北路と呼ぶ。しかし、朝鮮半島の情勢が変化し、新羅が半島を統一するころは日本との関係が悪くなっていて、この航路は使えなくなった。

そこで、八世紀後半以後は、博多から五島《ごとう》列島へ出て、ここから明州《めいしゅう》（現在の寧波《ねいは》）または揚《よう》州《しゅう》に向かう航路を通るようになった。これを南路という。順風に乗れば六〜十日で大陸に到着した。帰路は海流のせいもあって、うまくいけば三日で帰ったという例もあるという（東野治之『遣唐使船　東アジアのなかで』）。

この北路と南路以外に、奄美・沖縄の諸島をたどって行く航路もあったが、遭難の危険が多く、帰途に通常の南路をはずれたときに例外的に用いられたようである。

当時の日本の造船技術や航海術が、従来いわれてきたように、あってなきがごとき低レベルなものと見るのはまちがいで、かなりの高度なものであり、それでも遭難することが珍しくなかったのは、朝貢使として正月に参賀しなければならないため、気象を無視した出航を余儀なくされたからであると東野治之氏は指摘している（前掲書）。

## 長安を目指して

空海は、延暦二十三年（八〇四）派遣の遣唐使の一員として唐に渡った。空海がこの一員に加わるにいたる偶然と謎、在唐中から帰国までの偶然の重なりは、空海の生涯の中でもこの時期を最もドラマティックなものにしている。

延暦二十二年四月十六日、難波《なにわ》住吉の三津崎を出港した藤原葛野麻呂《かどのまろ》を大使とする遣唐使船は、五日目に暴風雨に遭った。被害が大きかったので、渡航はいったん中止され、人員の補充がなされた。この補充選考によって一行に加えられた中に、空海がいたのである。

船の遭難は偶然である。しかし、この時の船が暴風雨に遭うことなく順調に出国していたら、空海が入唐する機会はなかったのである。偶然は空海に幸運をもたらした。

空海出航の地と伝えられる五島列島・福江島の海岸に立つ「辞本涯」の碑

　ところで、留学僧として唐に留学するには、得度《とくど》していなくてはならないはずである。桓武天皇は、延暦年間、得度にあたっての課試制度を設け、漢音の習得や経論の解義を課した。これは、逃役を目的にした私度僧の増加が社会問題になっていたと同時に、僧侶の教学水準が飛躍的に上昇していたことを反映している。「空海が奈良後期からの教学研究の広範な蓄積に立脚していたことを忘れてはならない」と上島亨氏はいう（『平安仏教　空海・最澄の時代』）。

　では、空海はいつ出家得度したのだろうか。高木訷元氏は数々の資料から、空海の出家得度は延暦二十三年四月のことで、「まさしく入唐《にっとう》のためであった」という（『空海―生涯とその周辺』）。つまり、入唐メンバーの追加募集に間に合うように得度したのであった。しかも、得度後の受戒《じゅかい》や、受戒後の戒学履習を略して、入唐の一行に加わることができたのは異例の措置である。空海を入唐させようとする誰か、それだけの力を持つ誰かの意志が、ここにはうかがえるのである。

　延暦二十三年七月六日、肥前松浦郡（五島列島）田浦《たのうら》の港を出た船団は、翌日にさっそく暴風に遭い、第三船と第四船が消息を絶つ。第三船は後に発見されたが、第四船は最後まで見つからなかった。空海は大使と同じ第一船に乗っていて、三十四日後の八月十日に福州長渓県赤岸鎮《せきがんちん》の海岸に漂着した。この時、空海とともに使節に随行した最澄《さいちょう》（伝教《でんぎょう》大師）が乗った第二船は、これより早く明州に到着していた。

福建省赤岸の浜辺に立つ著者

第一船はやっとの思いで中国にたどり着いたものの、大使一行が国書を携行しておらず、判断を仰ぐべき新任の刺史《しし》（州の長官）はまだ州都の福州に到着していなかったため、赤岸鎮から福州に回航し、さらに空海も含めた大使一行二十三人が長安をめざして福州を発つことができたのは、八十日後の十一月三日になってしまった。その後、長安までは、水路で北行し陸路で西行したと思われる。この長安への道程は静慈圓氏の『空海入唐の道―現代中国に甦る巡礼道』に詳しい。

**二通の文章**

空海が長安に行きつくには、「偶然」だけではなく彼の才能の力が必要であった。空海の運命を開いたのは、彼自身の手になる二通の文章であった。その一つは、空海が大使に代わって書いた嘆願書、「大使の為《ため》に福州の観察使に与うる書」で、空海の詩文集『遍照発揮性霊集《へんじょうはっきせいれいしゅう》』（以下『性霊集』と略称する）巻五に収められている。

「賀能《がのう》（葛野麻呂《かどのまろ》を中国風にした名）啓《もう》す」で始まるこの文章では、まず唐の皇帝の威光を称え、その徳を慕って日本から朝貢に来たことを述べる。次に「本涯《ほんがい》を辞して（日本を離れて）」より後、暴風雨に遭い漂流し、苦難の末やっと漂着することができたが、これも皇帝の徳のいたすところ、と書きつづる。そして、唐はこれまで日本に対して格別の待遇を与えていて、両国が信頼に結ばれていたと述べ、しかし今、福州刺史は日本使節が国書を持たないことを理由に疑っている、これは官吏としては当然であるが、遥か遠くからやって来た我々の心を察して善処してほしい、と訴える。本文七三二字からなる堂々たる名文である。装飾的な美文でありながら、骨太な論理性と説得力を持つ。

なぜ大使が空海に代筆させたのか、空海が名文家であることをどうして知り得たか。これについて高木訷元氏は、空海が大使と同じ第一船に乗っていたこと、大使一行が帰国するまで常に大使と行動をともにしていたことからみて、空海の入唐が「大使在唐中における書記官的な役割りをも負ってのものではなかったかとさえ思えてくる」という（前掲書）。つまり、大使藤原葛野麻呂は上船以前から空海の文才を知っていた、そして、空海を入唐メンバーに入れようと手をつくしたのは大使自身であった、という推測もできるのである。

この一文を読んだ福州刺史閻済美《えんさいび》は驚き、一行の待遇が一変したという。文才こそが人の全能力のバロメーターであるとする中国知識人の価値観が、空海を認めたのであった。まして空海の筆跡は、見るものに感銘を与えたであろう。文章の価値は、内容の高さと文章表現の美しさに加えて、書字の美しさが決め手になるのである。

長安から、一行を国賓として礼遇せよとの勅命《ちょくめい》が届き、十月末になって出迎えの勅使が福州に到着した。いよいよ長安に向けて出発である。

ところが、長安に上る使節団の名簿には空海の名がなかった。ここで空海は自らのために文章を書いた。それが、空海自身の入京嘆願書「福州の観察使に与えて入京する啓《けい》」（『性霊集』巻五）である。「日本国の留学沙門《しゃもん》空海啓《もう》す」で始まる本文一七四字のこの文章を要約すると、次のようになる。


私空海は才能も言行も取るに足りませんが、たまたま人材不足のおかげで留学の機会を得、二十年の期限を戴きました。ところが今、承りますと、大使に随行して都に上ることが許されないとか。それでは国家の大任を果たすことができません。なんとか早く上京したいのです。閤閣下は仁徳にすぐれ、その名声は人々に及んでいます。どうか入京をご許可くださいますよう。そうなれば、私は名僧を訪ねて志を遂げましょう。どうか願いをお聞き届けください。

「大使の為に福州の観察使に与うる書」と比べて格段と短いだけでなく、華麗な修辞も少ないのは、自身に関する嘆願であることと、おそらく時間的に余裕がなかったことによるのであろう。この書には「貞元《ていげん》廿《にじゅう》年十月」とある。日は書いてないが、すぐに許可が下りたのでなければ、大使一行が福州を出発した十一月三日に間に合わなかったであろう。

**長安での日々**

唐の都長安は、人口百万人を数え、当時世界一の大都市であった。唐の国力を畏れ、かつ高い文化を求める周辺国からは、朝貢使や留学生が送り込まれていた。

長安は、またペルシャを起点とするシルク・ロードの終着点でもあった。ササン朝ペルシャは六五一年にイスラム軍に敗北したが、その滅亡の前後に多くの文物が唐にもたらされた。そのため、唐代の金銀器や染織にはササン朝様式が濃厚に反映したのであった。

文物のみならず、シルクロードは多くの人を長安に招いた。インドからペルシャから西域諸国からと、多くの異民族出身者が長安に来ていた。貴族の邸では中央アジア人を馬丁やラクダ追いに雇うことも多かった。

唐政府も外国人を歓迎し、軍人や官僚に採用することも珍しくなかった。日本の阿倍仲麻呂も高官に就任している。このように、長安の町はさまざまな顔つきの人々が往来する、国際都市であった。空海が長安の町にどれほど刺激を受け、その知識欲を高めたか、想像に難くない。

十二月二十一日に一行は長安に入った。元日の皇帝の謁見まで日もなかった。大使は無事に朝賀を終えたが、翌二日、徳宗《とくそう》の容態が急変し、正月二十三日に崩御した。服喪のため政務は休止され、帰国許可の出るのが遅れた。大使が帰国の許可を待つ間、秘書役の仕事はもうなかったであろうから、空海は、長安城内の仏寺や道観《どうかん》（道教寺院）、祆教《けんきょう》（ゾロアスター教）や景教《けいきょう》（キリスト教ネストリウス派）の寺院にも足を運び、訪ねうる限りの文人墨客に会ったであろう。

空海は、また、唐文化の精髄である詩文や書に直接触れ、可能な限り入手した。後に空海が書いているように、書を「解書先生《かいしょ》」（書のわかる人という意味で具体的な人名ではない）に学び、筆の製法を見学もした（『性霊集』巻四）のも、おそらくこの時期であろう。本書の後の章に取り上げる「（求法《ぐほう》以外の）留学の成果」は、ほとんどこの一ヶ月の成果であったといえよう。この時期以後は、求法に専念したにちがいないからである。

大使の藤原葛野麻呂は二月十日になって、ようやく長安を出発し帰国の途に就くことができた。空海の二十年を予定された留学の日々は、ここから始まったのである。

空海が帰国後に書いた「新請来《しょうらい》の経等の目録を上《たてまつ》る表」（中国から持ち帰った経典などの目録を献上

するについての上書)」には、次のことが書いてある。

(延暦)二十四年二月十日、勅《ちょく》に准《じゅん》じて西明寺《さいみょうじ》に配住す。爰《ここ》に則《すなわ》ち諸寺に周遊し、師依《しい》を訪《おとな》い択《えら》ぶ。幸いに青龍寺《せいりゅうじ》の灌頂《かんじょう》阿闍梨《あじゃり》法号恵果《けいか》和尚に遇って、以て師主と為す。

――延暦二十四年二月十日、勅命によって西明寺に身を置き、諸寺を巡り、師僧を選ぶため訪ね歩いた。幸運にも青龍寺の灌頂阿闍梨、法号を恵果和尚という方にお会いし、師とした。

空海が青龍寺で恵果に会ったのはこの年の六月のことであったから、四ヶ月間、空海は寺々を巡りつつ、引き続き長安の町を自由に歩き、この国際都市の空気を満喫していたであろう。しかし、着実に求めるものに近づいていたのであった。

### 般若三蔵との出会い

入唐から二年後の元和《げんな》元年(八〇六)に、空海が帰国を判官高階真人《たかしなのまひと》遠成《とおなり》に願い出た「本国の使《つかい》に与えて共に帰らんことを請《こ》う啓《けい》」(『性霊集』巻五)には、「草履《ぞうり》を著《つ》けて城中を歴《ふ》るに、幸いに中天竺《てんじく》国の般若三蔵《はんにゃさんぞう》、及び内供奉《ないぐぶ》恵果大阿闍梨に遇い、膝歩《しっぽ》接足《せっそく》して彼《か》の甘露《かんろ》を仰ぐ」とある。長安城中を巡り歩き、恵果にいたるまでに、醴泉寺《れいせんじ》でインド出身の般若三蔵に会い、教えをうけたことが述べられているのである。般若三蔵には梵語《ぼんご》から始めて、南インドの密教についても学んだと思われる。そして、青龍寺の恵果に師事することを勧めたのも、この般若三蔵であったろう。西明寺や醴泉寺にいた僧は多かった。しかし、その教えを心からありがたく拝した師として、恵果と並んで般若三蔵をあげている。

八〇五年、徳宗崩御の後を受けて正月二十八日に即位した順宗《じゅんそう》は、病気のため同年八月に退位し、憲宗《けんそう》が即位した。順宗を擁立した王叔文《おうしゅくぶん》一派は左遷されたが、その中には唐代を代表する文人である柳宗元《りゅうそうげん》や劉禹錫《りゅううしゃく》がいた。また、『春秋』研究に新風をもたらした陸淳《りくじゅん》は、病没したため処罰を免れた。多くの高官を巻き込んだ政界の不穏な動きを、空海は長安で見聞していたにちがいない。

皇帝即位の慶賀の式典は即位の翌年正月に行われる。順宗はその式典を待たずに退位した。順宗即位の慶賀に来朝すべく、高階遠成が長安に到着した時には、すでに憲宗が即位していて、正月には憲宗即位の慶賀が行われることになっていた。その高階遠成が帰国する時に、空海は「共に帰らんことを請う」た。まことに慌ただしい時の流れの中で、驚くべき集中力をもって奇跡的ともいえる日々を、空海は送っていたのである。

## 青龍寺

青龍寺は、現在の西安市の南、唐代には長安の延興門《えんこうもん》内の新昌坊《しんしょうぼう》にあたる土地にあった。すでに紀元前三世紀の秦代に、曲江《きょくこう》以北を含んだこのあたり一帯は宜春苑《ぎしゅんえん》と呼ばれた皇帝の庭園であり、漢代には皇帝の狩猟のための上林苑《じょうりんえん》となった。前漢の宣帝《せんてい》の廟《びょう》が建てられた時、この地は楽《らく》游原《ゆうげん》と名づけられた。唐代には、楽游原は長安城内の景観地として有名であり、小高い丘陵地からは、南に終南山《しゅうなんざん》、北に渭水《いすい》、ふもとの曲江池の岸に立ち並ぶ楼台や亭館、水辺の柳、水面に映る大雁塔《だいがんとう》が織りなす、美しい風景を見ることができた。この楽游原の眺めを詠った詩人も多い。

青龍寺の前身、霊感寺《れいかんじ》は隋・文帝の開皇二年（五八二）に建てられたが、唐・高祖の武徳四年（六二一）に廃寺となった。高宗《こうそう》の龍朔《りゅうさく》二年（六六二）、城陽《じょうよう》公主によってここに観音寺が建てられた。睿宗《えいそう》の景雲《けいうん》二年（七一一）、名を青龍寺と改めた（我が国、特に真言宗内では、古くから「しょうりゅうじ」と読みならわしているが、この書では「せいりゅうじ」と読んでおく）。

唐代の詩人王維の「青龍寺曇壁上人《どんへきしょうにん》兄院集序」（『唐王右丞集』巻四）に、

高原陸地　下に映《は》ゆ芙蓉《ふよう》の池
竹林果園《かえん》　中に秀《ひ》いでたり菩提《ぼだい》の樹

——小高い丘のふもとに、それを映す蓮の池があり、竹林と果樹の園の中に菩提樹がそびえている。

とあり、青龍寺のたたずまいをうかがうことができる。

武宗《ぶそう》の会昌《かいしょう》五年（八四五）のいわゆる「会昌廃仏《はいぶつ》」の時、青龍寺は廃されたが、翌年には復興して護国寺と改名し、宣宗《せんそう》の大中九年（八五五）七月、青龍寺にもどった。やがて北宋・哲宗《てつそう》の元祐元年（一〇八六）、寺院は取り壊され、その地から建物は跡形なく消え去った。近年、考古学的調査により青龍寺の位置が確認され、跡地には日本からの寄付により恵果・空海紀念堂が新しく建立された。

青龍寺跡地に立つ空海記念碑

**恵果和尚**

青龍寺大阿闍梨《あじゃり》恵果は俗姓を馬《ば》といい、京兆《けいちょう》万年県（現在の陝西《せんせい》省長安）の人であった。不空《ふくう》から金剛《こんごう》頂《ちょう》系の密教を、善無畏《ぜんむい》の弟子玄超《げんちょう》から胎蔵《たいぞう》の法を受けたといわれ、青龍寺東塔院に灌頂《かんじょう》道場を設けた。

密教の継承や恵果の位置づけについては他書に譲り、

ここでは触れないでおく。
恵果は、空海が入門すると、待ち受けたようにすべての知識を授け、唯一の後継者と見なす。たった六ヶ月でそれはなされた。そして、永貞元年（八〇五）十二月十五日、青龍寺で入寂する。門下の弟子道俗千余人が見送ったという。弟子の中から選ばれて、空海は「大唐神都青龍寺の故三《こさん》朝国師《ちょうこくし》灌頂阿闍梨恵果和尚の碑」を書いた。ここには、二人の宿命的な出会いと恵果の最期の言葉が次のように書かれている。

弟子空海、桑梓《そうしん》を顧みれば、則ち東海の東、行李《こうり》を想えば、則ち難中の難なり。波濤万万、雲山幾千ぞ。来たること我が力に非《あら》ず、帰ること我が志に非ず。我を招くに鉤《かぎ》を以てし、我を引くに索《つな》を以てす。舶《ふね》を泛《うか》べるの朝、数《しば》しば異相を示し、帆を帰すの夕《ゆうべ》、縷《くわ》しく宿縁を説く。和尚掩《えん》色《しょく》の夜、境界《きょうかい》の中に於いて弟子に告げて曰く、汝未《なんじいま》だ吾《われ》と汝と宿契《しゅくけい》の深きことを知らずや。多《た》生《しょう》の中に相《あい》共に誓願《せいがん》して、密蔵を弘演《こうえん》す。彼《か》れ此《こ》れ代わるがわる師資《しし》と為ること、只《ただ》の一両度のみに非ざるなり。是《こ》の故《ゆえ》に汝に遠渉《えんしょう》を勧めて、我が深法《しんぽう》を授く。受法云《ここ》に畢《おわ》り、吾が願いも足《た》る。汝は西土《さいど》して我が足に接し、吾は東生《とうせい》して汝の室に入らん。久しく遅留《ちりゅう》すること莫《な》かれ。吾前に在りて去らんと。

——弟子の空海は、故郷は東海の東にあり、ここまでの旅程を思えば困難の上にも困難があった。波濤を何万里越え、雲のかかる山を幾千越えたことか。ここに来ることができたのは私の力ではないし、帰るのは私の志ではない。私をここまで招くのに鉤《かぎ》を用い、私を引き寄せるのに索《つな》を用いられた。船を浮かべて出発する朝には、何度も奇瑞《きずい》を示し、帰りの船を出す夕べには、詳しく宿縁を説いてくださった。和尚は入寂の夜、夢うつつの中で弟子である私に告げて言われた。「お前はまだ私とお前との前世からの契りの深いことを知らないのか。何度も生まれ変わっている中で、お互いに誓いあって密教の教えを広めようとしたではないか。二人が代わるがわるに師となったことは、一、二度だけではない。だからこそ、お前に遠くからここに来るよう勧めて、私の深い仏法を授けたのだ。受法がここに終わり、私の願いも満たされた。お前は西方のこの地で私に師事した。私は東方の国に生まれて、お前の弟子になり、教えの奥義を学ぼう。ここに長く留まることはない。私はお前より先に行っているぞ」と。

松永有慶氏は「師と弟子の結びつきは、歴史的な必然性に基づくようにみえても、本質的には宿命によるというのが、密教本来の考え方である」という（『密教』）。空海と恵果との間にはりめぐらされていた前世からの宿縁を、空海は繰り返し記述しているが、空海にとって恵果との出会いは「密教という普遍的な真理との出会いという意味を持っている」（同書）。

八〇三年に出帆した遣唐使船がたまたま暴風雨に遭ったから、空海は遣唐使一行に加わることができた。空海の乗った船が遭難しながらも沈まず、たまたま九死に一生を得たから、空海の入唐はかなえられた。恵果が残る命の灯を空海のために消さずに待っていたから、空海は密教の真理を学び得た。徳宗がたまたま崩御して新帝の即位があり、そのために日本からの使いが来ていたから、空海は希望通りに帰国できた。これらの偶然に見える出来事も、すべて空海の宿命がもたらした当然であったというべきであろうか。

さて、後継者として、すべてを、すなわち真理を伝えられた空海の心は、すでに日本での伝法に向けられていた。先に引いた「本国の使に与えて共に帰らんことを請う啓」の中で、空海は、二十年の留学に期待した成果を二年で成し遂げたと自覚し、これ以上、唐にて年月を経ることは無益であると説いている。恵果の死とその最期のことばが、空海に帰国を決心させたのである。

同じ遣唐使船で留学していた橘逸勢《たちばなのはやなり》も、このとき帰国を願い出た。『性霊集』巻五の「橘学生《がくしょう》の為に本国の使に与うる啓」は、逸勢の申請を空海が代筆したものである。

『唐書』巻一九九上の「東夷《とうい》伝」には、高階判官が「学生橘逸勢と学問僧空海の二人は、学業がいくらか進んだので、本国に帰りたいと願っている。臣とともに帰国させてほしい」と願い出て、許されたことが記されている。

### 空海への送別詩

空海が在唐中に文人たちと交友を持ったことは、彼らが空海に贈った詩に現れている。空海に贈られた詩は、中国には残らず、贈答詩二首と送別詩五首が、聖賢《しょうけん》著『高野《こうや》大師御広伝《ごこうでん》』に見られる（『弘法大師全集』首巻）。

送別詩の作者は、朱千乗《しゅせんじょう》、朱少瑞《しゅしょうずい》、沙門曇清《どんじょう》、沙門鴻漸《こうぜん》、鄭壬《ていじん》の五人であるが、いずれも名のある詩人ではない。唐代詩人の詩を網羅した『全唐詩《ぜんとうし》』にも収載されておらず、また、『唐書』『新唐書』にも記載がない。鴻漸については、『茶経《さけい》』の著者陸羽《りくう》の字《あざな》も鴻漸であるが、ここの鴻漸は僧侶であるから、別人である。

ちなみに、『新唐書』巻一九六隠逸伝によると、陸羽は、上元の初め（七六〇）、苕渓《ちょうけい》（浙江省）に隠遁して著作にふけり、郊外を徘徊して詩を誦《とな》え、孔子が出会ったという隠者の接輿《しょうよ》になぞらえて「今《いま》接輿」と呼ばれたという。「貞元末、卒す」とあるが、貞元の末年は八〇五年で、八月に永貞に改元され、翌年、元和と改元されている。八〇五年八月までに、浙江地方で空海が陸羽に会うことも、陸羽が空海に送別詩を贈ることもありえないので、このことからも鴻漸は陸羽を指すのではないといえよう。

朱千乗の送別詩は「日本国三蔵空海上人《しょうにん》我が唐に朝宗《ちょうそう》し兼ねて方物《ほうぶつ》を直〔貢〕して□□□海東に従〔帰〕するを送る詩叙」と題した、叙文をともなう五言二十句の詩である。叙では「梵書を能《よ》くし、八体《はったい》に工《たく》み」と、空海が梵字や各種書体にも才能を示していたことにふれる。また「去秋にして来たり、今春にして往く」といい、詩でも「去歳 秦闕《しんけつ》に朝《ちょう》し、今春 海東に赴く」とあるように、慌ただしく帰国することを惜しむ。そして、すべて聖なる人の学識や才能は、とうてい測り知ることができないものだと称えている。なお、この詩は、叙に「元和元年春姑洗《こせん》（三月の異名）の月」とあることから、空海が日本への帰途、しばらく滞在していた越州《えっしゅう》（浙江省紹興《しょうこう》）で贈られたようである（王勇「空海に贈られた唐人の送別詩」）。

『性霊集』巻四の「雑文を献ずる表」に、嵯峨《さが》天皇への献上品として「朱千乗詩一巻」とある。朱千乗の詩は、空海筆と伝えられる『新撰類林抄《しんせんるいりんしょう》』に二首、また、近年発見された伏見宮《ふしみのみや》旧蔵『雑抄《ざつしょう》』にも一首見られるという。唐の文献に見えないのに、日本人の手になった詩集に名が出てくるのは、これらが空海の持ち帰った『朱千乗詩』一巻から抄出されたものと推測される（王勇前掲論文）。本国では忘れ去られた朱千乗であったが、空海と交友関係をもっていたことから、日本においてその名が後世に残ることになった。平安時代、大江維時《おおえのこれとき》の編んだ名句集『千載佳句《せんざいかく》』にも、朱千乗の詩の一聯が採られている。

### 幻の肖像画

さて、中国では、天子の威徳が諸外国にも及んでいることを示すために、外国からの使節の画像を描く伝統があった。ふつう「職貢図《しょくこうず》」と名づけられたが、唐の太宗が、文成《ぶんせい》公主への求婚のために来朝した吐蕃《とばん》王の使者に会っているところを描いた「歩輦図《ほれん》」（閻立本《えんりっぽん》画）も、そうした絵画の一つと見ることができよう。

日本からの遣唐使も描かれた例がある。天平勝宝四年（七五二）に入唐した藤原清河《きよかわ》と副使の大伴古麻呂《こまろ》と吉備真備《きびのまきび》の肖像が、玄宗の命で描かれたということが『日本高僧伝要文抄』に引く『延暦僧録《そうろく》』「聖武《しょうむ》皇帝菩薩伝」に見える（『大日本仏教全書』）。また、東野治之氏は、白雉《はくち》四年（六五三）に入唐した吉士長丹《きしのながに》の画像（現存するのは江戸時代の模本）が、唐で描かれた遣唐使の画像を今に伝えるものと考えられると述べている（前掲書）。

**吉士長丹像**（江戸時代模本。東京国立博物館蔵）

空海への送別詩の一つ、曇清の「日本国使空海上人・橘秀才の朝献せし後に却還《きゃっかん》せるを奉送す」の第四聯に、

宮に到りて方《まさ》に奏対《そうたい》せんに
円〔図の誤写〕像　王庭《おうてい》に到れり〔到は列の誤写か〕
――帰国後、宮廷において天皇に上奏し、またその下問に答えることになるであろうが、
その場には必ずや画像が掲げられて、功労が顕彰されるであろう。
〔訳は後藤昭雄氏「延暦の遣唐使に関する偽作詩をめぐって」による〕

とある。これによれば、空海や橘逸勢の肖像も描かれていたということになる。

空海と橘逸勢の画像が唐で描かれたことが事実であったとすれば、日中両国のどちらにも残っていないのは、まことに残念なことである。

# 4

# 空海のおみやげ

空海が中国から持ち帰った「おみやげ」は、有形無形にわたって多量にある。もちろん、一番大きなものは密教であるが、本書では述べない。そのほかにも中国の文化という大きなおみやげがあった。それらについては別に述べるとして、この章では有形の「もの」、特に書物を中心に紹介しよう。

**越州での集書**

高階遠成判官一行は、元和元年（八〇六）、日本では大同元年八月に明州を出港したのであるが、それまでの数ヶ月間、越州（紹興）に滞在した。空海は、ここで百六十巻の書物を集め、筆写させた。筆写のためには写経生《しゃきょうせい》を雇わねばならないが、その費用面の協力を越州節度使《せつどし》に依頼している。

節度使というのは、本来は辺境の地を守る軍隊の司令官をいい、七五五年に反乱を起こした安禄山も節度使であった。安禄山の乱以後、国内各地に節度使を置くようになり、越州節度使は、このころの越州の最高責任者と考えていい。

その依頼状は『性霊集』巻五に残る。元和元年四月に書かれた「越州節度使に与えて内外の経書を求むるの啓」という一文である。「内外の経書」とは内典（仏典）と外典《げてん》（仏典以外の書）をいう。この文では、長安ですでに「経・論・疏《しょ》など、凡《およ》そ三百余軸」を写し得て、「大悲胎蔵金剛界等の大曼荼羅《まんだら》」を描かせ、そのため資財を使い果たした。この地では、長安で収集できなかった書籍を集めたい。ついては、広く三教にわたる経・律・論・疏・伝記、ないし詩賦・碑銘、また占いや医学、五明《ごみょう》（古代インドの五つの学科）の教えで、人々を啓蒙し救済するものを、遠く日本に伝えることに協力してほしい旨を述べている。

越州の節度使が、空海の依頼にどのように答えたかは明らかではないが、膨大な書物を筆写するには、土地の節度使の協力がなければ不可能であった。空海の帰国後の報告書には四百六十巻の書が記されている。長安で入手したのが三百巻であったということは、少なくとも百六十巻の書物をこの地で筆写していることになるから、協力を得られたとみてよいだろう。

**『請来目録』**

唐から帰国した空海は、持ち帰り品の目録を自ら書いて、平城《へいぜい》天皇に提出した。これを『請来《しょうらい》目録』という。詳しくいうと、大同元年（八〇六）十月二十二日の日付けのある「新請来の経等の目録を上《たてまつ》る表」と「入唐学法の沙門《しゃもん》空海、大同元年請来の経・律・論・疏・章・伝記、幷びに仏・菩薩・金剛・天等の像、三昧耶曼荼羅《さんまやまんだら》、法曼荼羅、伝法阿闍梨《あじゃり》等の影《えい》及び道具幷びに阿闍梨付嘱《ふしょく》物等の目録」からなる。

『請来目録』つまり「持ち帰り品目録」という名で呼ばれているが、これは正式な帰国報告書である。国費留学生は帰国後、報告書の提出が義務づけられていたはずであるが、奈良朝およびそれ以前のものは全く残っていない。現存している最古のものは、最澄の『伝教大師将来台州録《しょうらいだいしゅうろく》』と、同じく『越州録《えっしゅうろく》』である。

最澄の目録のスタイルは、同じ帙《ちつ》に入っているものをまとめて記述し、次に別の帙に移るというものである。同じ帙には、書名から見ておおよそ同じ系統の書が収められているようであるが、分類項目は立てられていない。

最澄の目録に続いて古い目録が、空海の『請来目録』である。ここでは、六つの分類項目を設け、さらに分類の解説文を加えている。六つの分類項目は次の通り。

㈠ 新訳等の経、都《すべ》て一百四十二部二百四十七巻
㈡ 梵字真言讃《ぼんじしんごん》等、都て四十二部四十四巻
㈢ 論・疏・章等、都て三十二部一百七十巻
㈣ 仏・菩薩・金剛・天等の像、法曼荼羅、三昧耶曼荼羅幷びに伝法阿闍梨等の影、共に一十鋪《ほ》
㈤ 道具九種
㈥ 阿闍梨付嘱《ふしょく》物一十三種

㈠から㈢までが書物で、全部で二百十六部四百六十一巻になる。㈣から㈥までは器物類である。

分類項目を立てて書物を列記し、その項目の解説文を添えるというスタイルは、『漢書』巻三十芸文志《げいもんし》にならったものであろう。『漢書』の著者、後漢の班固《はんこ》が、劉歆《りゅうきん》の『七略《しちりゃく》』によって書いたという「芸文志」は、中国最古の図書目録であり、漢代の学問状況の記録である。

この「芸文志」は、「儒家者流《じゅかしゃりゅう》」「道家《どうか》者流」「陰陽家《いんようか》者流」「法家《ほうか》者流」「名家《めいか》者流」「墨家《ぼくか》者流」「従横家《じゅうおうか》者流」「雑家《ざっか》者流」「農家者流」「小説家者流」をまとめて「諸子」と呼んだ最初の文献であり、諸子十家のうち、見るべきものは「小説家者流」以外の九家であるとした。これがいわゆる「九流《きゅうりゅう》」である。ちなみに、空海が後年創設した学校「綜芸種智院《しゅげいしゅちいん》」の理念を述べた「綜芸種智院式」の冒頭にある「九流六芸《りくげい》」の語は、『漢書』芸文志の「六芸の術を修めて此の九家の言を観《み》る」に基づいている。

なお、空海の書といわれる『請来目録』が、滋賀県竹生島《ちくぶじま》の宝厳寺《ほうがんじ》に伝わる。しかし、書き誤りがあり、字形の乱れた字や筆力の弱い字もあって、平城天皇に献上したものではなく、また空海真跡とも認められないといわれている。京都の教王護国寺《きょうおうごこくじ》（東寺《とうじ》）には、空海の献上した『請来目録』を、最澄が借りて書写したものが伝わっている。

## 『請来目録』の中身

「新請来の経等の目録を上る表」の中で、空海が、玄宗以後の中国では、高位高官から庶民にいたるまで密蔵《みつぞう》の宗《しゅう》（密教）に帰依していると述べ、新訳の経をはるばる持ち帰ったことを報告しているように、先の六つの分類の第一部にあげた「新訳等の経」は、やはり最も重要な「おみやげ」であった。一百四十二部二百四十七巻あり、部数では書物全体のほぼ三分の二を占める。

そのうち一百十八部百五十巻が、「不空三蔵和尚の訳」であることは注目すべきであろう。不空は西域出身の僧で、七二〇年に洛陽で金剛智《こんごうち》に入門した。その後、不空はインドに行き、密教経典を多く持ち帰り、玄宗の信任を得て翻訳に専念した。七五七年から七七四年までの十七年間のことである。空海の師、恵果がかつて不空に学んだことは、前章で述べたとおりである。

『請来目録』の不空新訳経のリストの末尾に、「已下《いか》は未《いま》だ貞元《ていげん》目録に載せず」として十三部の書名があげられている。『貞元目録』とは、長安・西明寺の円照《えんしょう》が編んだ新訳経の目録『貞元新訂釈《しゃっ》教《きょう》目録』のことで、完成したのは貞元十六年（八〇〇）、空海入唐の直前であった。空海は、この『貞元目録』を手引きにして新訳経の収集に励んだと思われる。

だからこそ、『貞元目録』に未収録のものを入手しえたことに、空海の得意ぶりがわかる。ただ、十三部のうちの二部は不空の訳ではない。竹内信夫氏は、空海にも若干の手抜かりはあるが、そこからかえって空海の「目録」のリアリティが直接に伝わってくると述べている（『空海入門―弘仁のモダニスト』）。

不空新訳経リストの解説の中でも、空海は、玄宗が灌頂を受けて不空に師事してより、粛宗《しゅくそう》・

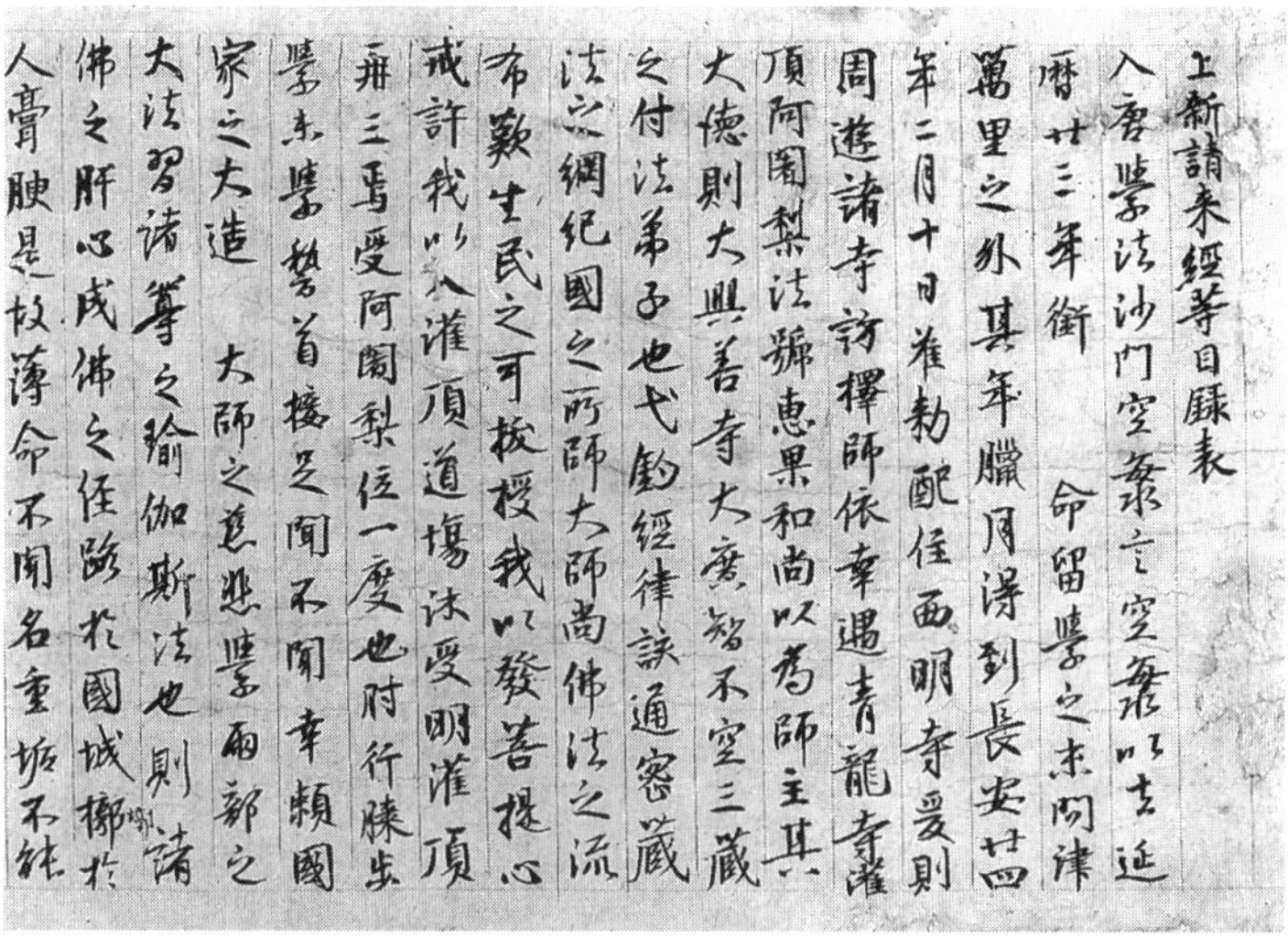
上新請来經等目録表
入唐學法沙門空海言空海以去延
暦廿三年銜　命留學之末問津
萬里之外其年臘月得到長安廿四
年二月十日准勅配住西明寺爰則
周遊諸寺訪擇師依幸遇青龍寺灌
頂阿闍梨法號惠果和尚以為師主其
大德則大興善寺大廣智不空三藏
之付法弟子也弋釣經律該通密藏
法之綱紀國之所師大師尚佛法之流
布歎生民之可拔授我以發菩提心
戒許我以入灌頂道場沐受明灌頂
再三焉受阿闍梨位一度也肘行膝歩
學未學稽首接足聞不聞幸頼國
家之大造　大師之慈悲學兩部之
大法習諸尊之瑜伽斯法也則諸
佛之肝心成佛之径路於國城郭於
人膏腴是故薄命不聞名重垢不能

**『請来目録』最澄書写本**（教王護国寺蔵）

代宗《だいそう》が相継いで法を受け、民衆がこぞって密蔵（密教）を学ぶというように、密教が全盛期を迎えていたことを述べている。そして、従来の仏教と密教の違いは、成仏《じょうぶつ》が遅いか速いかにある、仏教を志すものよ、優れた教えである密教の趣旨を理解せよ、という。密教の真理を理解するために、ここにあげた経典は必要であるというのが、この解説の本旨であろう。

第二部の「梵字真言讃等、都て四十二部四十四巻」の解説で、空海は、仏教は本来インドの教えで、言語の違いは大きい、漢訳されるのを待って教えを学ぶのであるが、翻訳ではその深い意味まで理解することはむずかしいといい、原語である梵字そのままを学ぶ必要を説いている。学問追究の姿勢がきわめて現代的であることに、あたらめて驚く。この姿勢は、のちに空海が『文鏡秘府論《ぶんきょうひふろん》』の序に書いた、文字やことばを習得していなければ、優れた教えを学ぶことも教え広めることもできないという主張にも一貫している。そして、漢語漢文しか知らない当時の日本人に、これを知らしめることへの意気込みが感じられる。

第三部「論・疏・章等、都て三十二部一百七十巻」には、「弁正理論《べんしょうりろん》一部八巻、法琳師撰」「三教不斉論《さんきょうふせいろん》一巻」が見られる。前者は、第二章で触れた法琳の『弁正論』を指すのであろう。渡唐以前、道宣の編んだアンソロジー（『広弘明集』など）で読んでいた本書を、単行本で入手したということだろうか。後者は、『隋書』経籍志《けいせきし》にも、『唐書』経籍志、『新唐書』芸文志（いずれも各時代の図書目録）にも載っていないが、「三教斉《ひと》しからず」というタイトル通り、三教の中で仏教の優位を説いた書であろう。

『請来目録』に記された四百六十巻の中から、長安で集めた三百巻と越州で集めた百六十巻を見分けることはできない。また、「越州節度使に与えて内外の経書を求むるの啓」において、「内外の経書を求める」といい、「広く三教にわたる経・律・論・疏・伝記、ないし詩賦・碑銘、また占いや医学、五明の教えで、人々を啓蒙し救済するもの」を集めたいと述べられていたのに、四百六十巻の中に外典の名は見られない。これは、越州で集めた書のうち、内典が百六十巻であったとみるべきであろう。『請来目録』は留学からの帰国報告書であるから、留学の成果として仏教関係のもののみをリストアップしたのであろう。

第四部に分類されている「仏・菩薩・金剛・天等の像、法曼荼羅、三昧耶曼荼羅幷びに伝法阿闍梨等の影、共に一十鋪」の中味は、曼荼羅が五鋪（鋪は布の意）と金剛智・善無畏《ぜんむい》・不空・恵果・一行《いちぎょう》の影（肖像画）各一鋪である。

曼荼羅とは、密教における宇宙の真理を図で表したものである。空海は、恵果の「真言の秘蔵は経疏隠密《いんみつ》にして、図画を仮《か》らずして相伝うること能《あた》わず」ということばに従い、その指導のもとに、画師の李真《りしん》ら十余人に曼荼羅を描かせた。それは、第五部にある金剛杵《しょ》や金剛鈴《れい》などの密教法具の制作と並行して、八〇五年八月から十二月までの四ヶ月足らずの間になされたのであった。

これらの曼荼羅はいずれも大きなもので、とりわけ「大毘盧遮那《びるしゃな》大悲胎蔵大曼荼羅」と「金剛界九会《くえ》曼荼羅」は縦が七幅《ふく》（一幅はほぼ二尺二寸）もある。唐代の一尺は三一・一センチとされているから、五メートル近い。そのほかの曼荼羅は三幅で、約二メートルである。これらの極彩色の曼荼羅が、以後の日本の宗教美術に与えた影響は大きい。また、五枚の肖像画は教王護国寺（東寺）に現存している。

## ほかにもある「おみやげ」

この『請来目録』に載っている書物や品物以外にも、空海が持ち帰った仏典が存在することがわかっている。さらに、長安で集めたもの、越州で集めたもので、仏教関係以外のものもある。おそらくかなりの量であったと思われるが、嵯峨天皇に献上したことによって、その一部を垣間見ることができる。

その前に、嵯峨天皇と空海の交友について述べておかなくてはならない。平城天皇は大同四年（八〇九）四月に退位し、嵯峨天皇が即位した。「薬子《くすこ》の変」を鎮圧した嵯峨天皇は弘仁《こうにん》と改元し、八一〇年から八二三年までの十四年間、安定した王権を維持した。この弘仁年間は宮廷文化が開花した時代であった。

大同四年、即位直後の嵯峨天皇の仰せによって、空海は『世説新語《せせつしんご》』の屏風両帖を書いて献上した。『性霊集』巻四には「勅賜《ちょくし》の世説の屏風書き畢《おわ》って献ずる表」がある。当時空海は三十六歳で、唐より帰国して三年後であった。詩人で能書家の嵯峨天皇は、同じように詩人で能書家の空海の書を愛好したので、空海に屏風の書を書かせたのである。

これを皮切りに、空海は、唐人の詩集の書写、書跡、筆や詩の献上をしている。『性霊集』巻四には、献上に当たっての上表文が多く載せられている。その内容によって知ることのできる献上した持ち帰り品、および関連品をあげてみよう。

1　「劉希夷《りゅうきい》集を書して献納する表」　弘仁二年（八一一）六月

①『劉希夷集』四巻
②王昌齢《おうしょうれい》の『詩格《しかく》』一巻
③『貞元英傑《ていげんえいけつ》六言詩』三巻
④「飛白書《ひはくしょ》」一巻

①劉希夷は初唐の詩人。別名庭芝《ていし》（廷芝）ともいい、またこれが名で希夷が字《あざな》ともいう。「年年歳歳花相似たり、歳歳年年人同じからず」（「白頭を悲しむ翁に代わりて」）の句で知られる。空海の筆写本を奉進した。

**嵯峨天皇像**（江戸時代。大覚寺蔵）

②王昌齢は盛唐の詩人。『詩格』は作詩の規則を論じたもので、空海が在唐時に得たものを奉進した。『文鏡秘府論』にも引用されている。

③『貞元英傑六言詩』はもとは一巻であったのを三巻に分巻したとある。徳宗の貞元年間（七八五～八〇四）の才子たちの

六言の詩（一句が六字からなる古体詩の型）を集めたものであろう。初唐の褚遂良《ちょすいりょう》が東晋の王羲之《おうぎし》を臨書した書風を、空海が写して奉上した。

④「飛白」は書体の名。在唐時にこの書体を見たことがあった空海が、試みに書いたものを献上した。

2「雑書迹《しょせき》を奉献する状」　弘仁二年（八一一）八月

①「徳宗皇帝真跡」一巻

②「欧陽詢《おうようじゅん》真跡」一首

③「張誼《ちょうぎ》真跡」一巻

④「大王諸舎帖《じょう》」一首

⑤「不空三蔵碑」一首

⑥「岸《がん》和尚碑」一鋪

⑦「徐待郎《じょじろう》宝林寺詩」一巻

⑧「釈令起《りょうき》八分書《はっぷんしょ》」一帖

⑨「謂之《いし》行草」一巻

⑩「鳥獣飛白」一巻

①徳宗は唐の皇帝。在位七七九〜八〇五。書に長じていたといわれる。
②欧陽詢は唐初の人。書で知られ、その小楷《しょうかい》（楷書の小字）は唐代の楷書の規範とされた。『芸文類聚』の編者の一人でもある。
③張誼は不詳。
④大王は王羲之を指す（小王は息子の王献之《けんし》）。「諸舎帖」は不詳。
⑤不空三蔵は恵果の師。『代宗朝贈司空大弁正広智三蔵和上《しくうだいべんせいこうちわじょう》表制集』巻六には厳郢《げんてい》撰、徐浩《じょこう》書の「碑銘幷びに序」が記載されている。徐浩（七〇三〜七八二）は書家として有名であった。
⑥岸和尚は唐の僧道岸《どうがん》を指す。『宋高僧伝』巻十四に、開元五年（七一七）の死去にあたり姚奕《ようえき》に碑文を依頼したとある。
⑦徐侍郎は『雲渓友議《うんけいゆうぎ》』巻中に、徐侍郎安貞《あんてい》として伝記が記されている。能書家であった。
⑧釈令起は不詳。八分書は隷書の一体。
⑨謂之は不詳。行草は行書と草書の中間の書体。
⑩鳥獣飛白は、点画《てんかく》が鳥や動物をかたどった飛白書をいうのであろう。次章で述べる雑体書の一つ。

3「筆を奉献する表」弘仁三年（八一二）六月

・狸毛筆《りもうひつ》四管（真書一・行書一・草書一・写書一）

筆生《ひっしょう》（筆作り職人）に作らせた筆を奉進。唐において見聞してきた製法による。この他の八分・小書・蹋《とう》（搨の誤写か）書・臨書用の筆は製法を見ていないとしている。

4 「雑文を献ずる表」 弘仁三年（八一二）七月

①『急就章《きゅうしゅうしょう》』一巻

②『王昌齢集』一巻

③『雑詩集』四巻

④「朱昼《しゅちゅう》詩」一巻

⑤「朱千乗詩」一巻

⑥「雑文」一巻

⑦「王智章《おうちしょう》詩」一巻

⑧「讃」一巻

⑨「詔勅《しょうちょく》」一巻

⑩「訳経図記」一巻

①は漢・史游《しゆう》の著。物の名や人の姓を列記し、字を覚えるための書。

③は雑言《ぞうごん》詩を集めたものか、さまざまな詩を集めたものか、不詳。
④朱昼は唐の貞元（七八五〜八〇五）ごろの詩人。『唐才子伝』『唐詩紀事』に名が見える。
⑤朱千乗は唐の詩人。空海と交友があったことは前章で述べた。
⑦王智章も唐の詩人であろうと思われるが、伝不詳。
⑧は文体の名。ほめたたえることを目的とする。
⑨は天子の命を記した文書。
⑩『古今訳経図記』『貞元新翻訳経図記』などがあるが、いずれを指すか不詳（『日本古典文学大系』注による）。

5 「劉廷芝《りゅうていし》集を書して奉献する表」弘仁三年（八一二）
・『劉廷芝集』四巻
劉廷芝は前出の劉希夷のこと。すでに弘仁二年六月に献上したが、天皇の命によって再び空海が書いて奉進したとみえる。

6 「春宮《とうぐう》に筆を進むる啓」弘仁三年（八一二）
・狸毛筆

天皇の命に応じて、筆生槻本小泉《つきのもとのこいずみ》に作らせたものを奉進した。

7「梵字幷びに雑文を献ずる表」　弘仁五年（八一四）閏七月

①『梵字悉曇字母《しったんじぼ》幷びに釈義』一巻

②『古今文字讃』三巻

③『古今篆隷文体《てんれい》』一巻

④『梁《りょう》武帝草書評』一巻

⑤「王右軍蘭亭碑《ゆうぐんらんてい》」一巻

⑥「曇一律師《どんいつりっし》碑銘」一巻　草書

⑦「大広智三蔵影讃」一巻

①は空海の著作。

②は不詳。

③は梁・蕭子良《しょうしりょう》の著。篆書や隷書に基づいた雑体書を説明した書。次章で詳述する。

④梁の武帝は南朝梁の始祖蕭衍《しょうえん》。中国で最初の書法論「観鍾繇《かんしょうよう》書法十二意」の著もある。また、仏教の擁護者としても知られる。

⑤王右軍は王羲之のこと。その代表作「蘭亭序」を碑石に彫ったものの拓本と思われる。

⑥曇一は覚胤《かくいん》の字《あざな》。七七一年に越州開元寺で没。空海は日本への帰途に滞在した越州で、開元寺にあった碑の拓本を入手したのであろうか。

⑦は不空三蔵の画像と画讃。

8「李邕《りよう》が真跡の屏風を進むる表」　天長元年（八二四）以後

・「李邕真跡屏風書」一帖

李邕は唐の人。書に優れた。空海は、この書を得て以来、時々ひろげて鑑賞していたと記している。文中、嵯峨天皇を太上天皇と呼んでいることから、嵯峨天皇退位後の献上であることがわかる。

以上に見るように、空海は嵯峨天皇に書跡や書に関する書物を多く献上しているが、持ち帰った物品の中で書のウエイトが重いことがわかる。

これは、いってみれば当然のことで、中国文化において書のしめる位置は、現在の我々の考える以上に大きく、高いものであった。中国文化の精華、エッセンスというべき書の名品を持ち帰ることは、文化移入の役目を果たしていた。次章では、空海と書について述べてみよう。

# 5 空海と書

「弘法《こうぼう》も筆のあやまり」「弘法は筆を選ばず」という言葉があるように、名筆家としての空海は、あるいは宗教家・思想家としての空海より有名であるかもしれない。日本三筆《さんぴつ》の一人であり、後世「大師流《だいしりゅう》」というものも登場する。空海を語るとき、書との関わりに触れざるをえないのである。

### 空海の真筆

空海は高僧として尊敬されただけでなく、名筆家としても高名だったため、その書は非常に重んじられた。模写本はもちろん、書風の似ているものは空海の書として尊重され、さらに空海に関係のある書、たとえば空海の詩文を書いたものなども空海の書といわれた。また、偽筆も作られたため、空海の書、大師の書といわれているものは世に多く残る。

しかし、こんにち空海の真筆と認められているものはわずかである。ふつう「聾瞽指帰《ろうこしいき》」（金剛《こんごう》峯寺《ぶじ》蔵）、「三十帖《じょう》策子《さっし》」（仁和寺《にんなじ》蔵）、「風信帖《ふうしんじょう》」（教王護国寺蔵）、「灌頂歴名《かんじょうれきめい》（灌頂記）」（神護寺《じんごじ》蔵）、「真言七祖像賛《しちそぞうさん》幷びに行状文《ぎょうじょうぶん》」（教王護国寺蔵）、「金剛般若経開題《はんにゃきょうかいだい》」（奈良国立博物館・京都国立博物館蔵）、「大日経《だいにちきょう》開題（大日経疏要文記《しょようもんき》）」（三宝院蔵）、「崔子玉座右銘《さいしぎょくざうめい》」（高野山宝亀院・東京大師会）などが真筆としてあげられるが、この中にも真跡と認められないものや疑問のあるものが混じっているともいわれる。古くから空海の書といわれ、優れた書であっても、空海の真跡であるという根拠に乏しいため、疑問が残るというのである。真偽に関しては諸説があり、軽々に判断できない。なお、真筆とされているもの以外に、模写本が若干伝えられている。

諸説をつきあわせても、空海の真筆と認められている書は十点もない。しかし、日本の古代の名筆家のうち、真筆と模写本が十点余りも残っているのは空海だけであって、「大師の書」としていかに大切に守られてきたかがわかる。

なお、空海の書風は、入唐以前の若年時代、唐より帰国後の壮年の時代、晩年の老後の時代の三期に分けられる。「聾瞽指帰」と帰国後の「風信帖」や「灌頂歴名」を較べてみると、前者は運筆が軽快で、点画がすっきりしていて巧みであり、若者らしい才気溢れる書である。後者になると書風が一転して、円熟味が加わる。晩年の書には篆書《てんしょ》や隷書《れいしょ》、雑体《ざったい》書の用筆も混じる。帰国後の書風がそれ以前と異なるのは、唐の書文化にふれたためであろう。

さて、空海の真筆とされている主な書跡について、紹介しよう。

・「聾瞽指帰」（金剛峯寺蔵）
内容については第二章で述べた。序文の末尾に「于時延暦十六年臘月之一日也（時に延暦十六年臘月《ろうげつ》の一日なり）」とあり、七九七年、空海二十四歳の時の作であることがわかる。上下二巻の巻子本《かんすぼん》で、行書で書かれているが、所々に真草が混じっているとされる。空海真筆と信じられてきているが、否定する説もある（たとえば細貝宗弘「書法から見た聾瞽指帰の筆者」）。

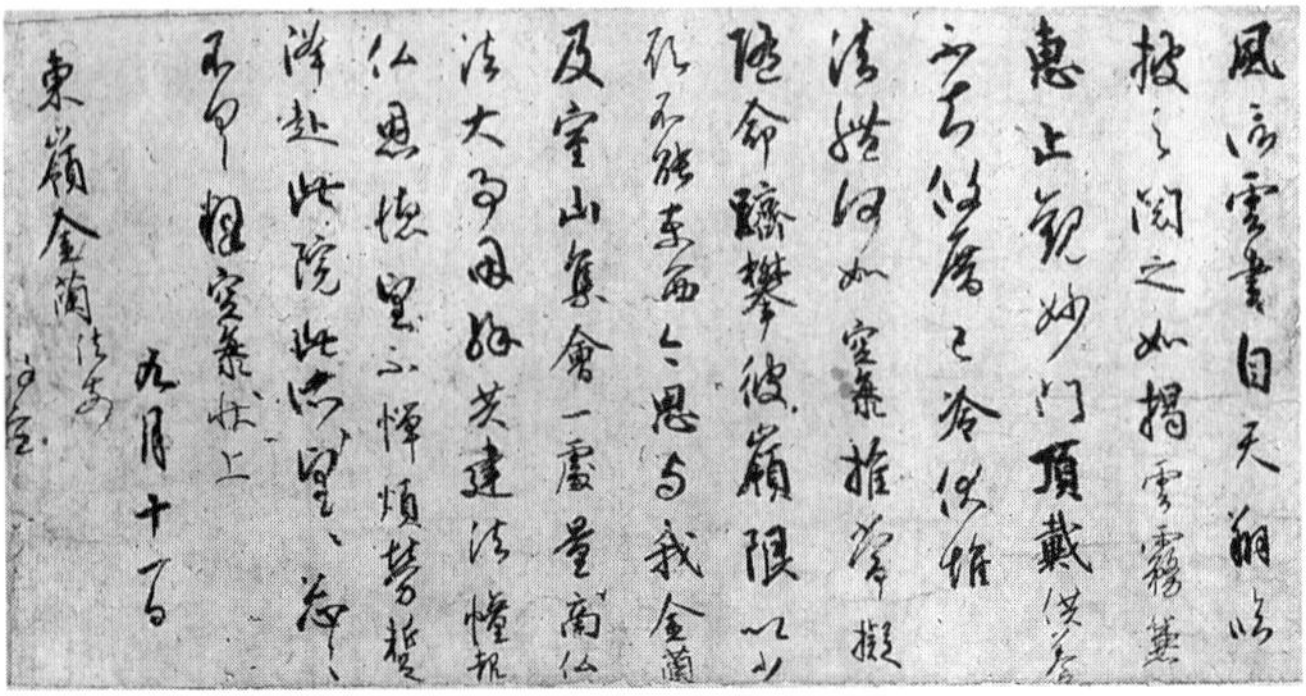

空海筆「風信帖」（教王護国寺蔵）

・「三十帖策子」（仁和寺蔵）

日本に現存している冊子本で最も古いものである。もとは三十八帖あったが、八帖が無くなった。三十帖のうち、第二十八帖は補写本である。各帖の大きさは一定していない。第一帖から第四帖までには「新訳華厳経」四十巻が書かれている。以下は一〜二帖に一経、あるいは一帖に数経が書かれている。字の大きさや書体、書風はさまざまで、多人数の書写であることがわかる。大部分は唐人の書写と考えられるが、第十二・十五・十七・二十二・二十三帖の一部、および第二十・二十六・二十七帖の全部、巻首の目録、第十四帖の「策子目録」が空海の真筆とみられている。

・「風信帖」（教王護国寺蔵）

空海が最澄にあてた手紙三通三紙を巻子本一巻にしてある。第一通に「風信雲書」とあるので、この名がある。第

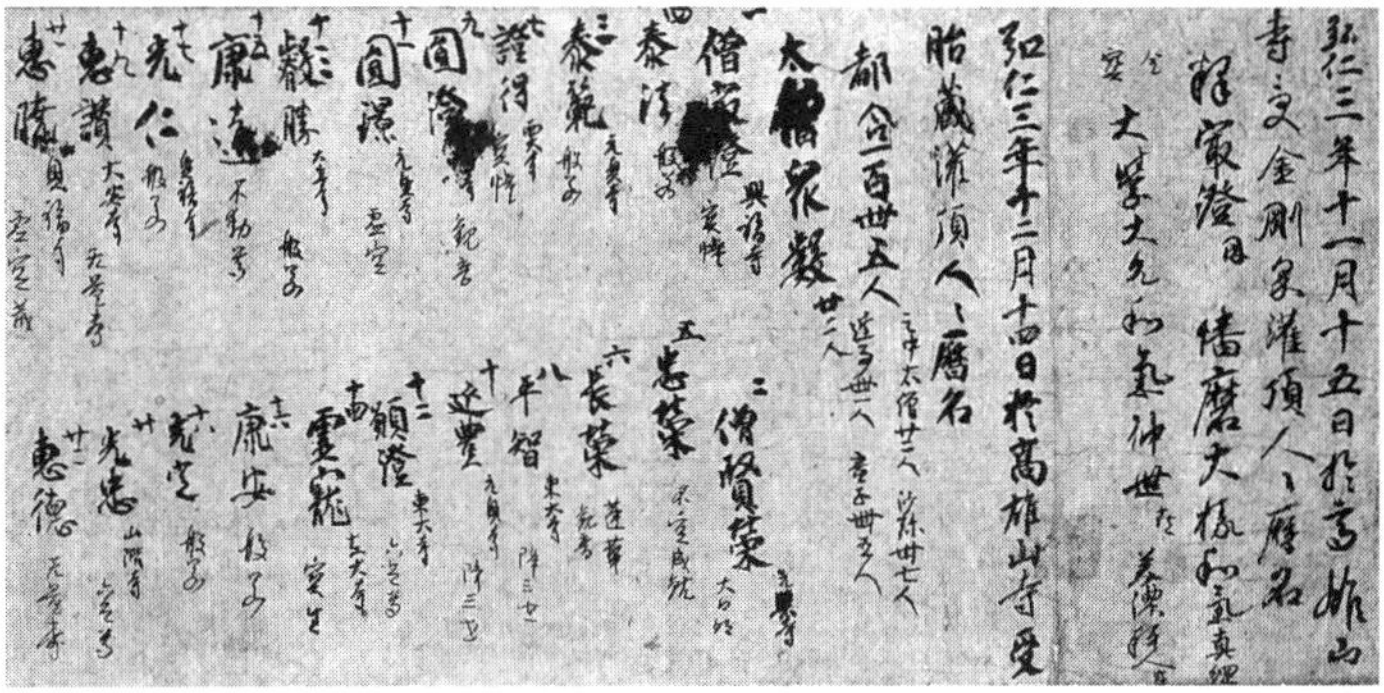

空海筆「灌頂歴名」（神護寺蔵）

一通の差出所は「釈空海状上」とあって、日付けの「九月十一日」は弘仁三年（八一二）あるいは四年である。第二通の差出所は「釈遍照《へんじょう》状上」（遍照は空海の号）、日付けの「九月十三日」は、弘仁二年（八一一）である。第三通の差出所は「沙門遍照状上」、日付けの「九月五日」は弘仁三年または四年である。洗練され円熟を加えた書は、空海の書のうち、最もすぐれたものといわれている。

・「灌頂歴名（灌頂記）」（神護寺蔵）

弘仁三年（八一二）と四年に高雄山寺《たかおさんじ》（神護寺）において、空海が灌頂を授けた僧と俗人の名を列記したもの。巻子本一巻。空海は「暦名」と書いている。「灌頂記」とも呼ばれている。僧侶二十二名の筆頭に最澄の名がある。何度かに分けて書かれたようで、時によって書風を異にする。

「真言七祖像賛幷びに行状文」より「善無畏」（教王護国寺蔵）

・「真言七祖像賛幷びに行状文」（教王護国寺蔵）

七祖像とは、真言宗の祖師にあたる第三祖龍猛《りゅうもう》、第四祖龍智《りゅうち》、第五祖金剛智、第六祖不空金剛、第七祖恵果、および龍智の弟子の善無畏、金剛智の法嗣である一行の画像をいう。インド出身の五人（龍猛、龍智、金剛智、不空金剛、善無畏）には、飛白体で梵号《ぼんごう》と漢名が書かれてあり、中国人の恵果と一行は行書で法名が書かれてあって、これらの書は空海の真筆とされている。

・「金剛般若経開題」（奈良国立博物館・京都国立博物館蔵）

京都国立博物館蔵は六十三行の断簡、奈良国立博物館蔵は三十八行の断簡である。開題とは経典の題目を字を逐《お》って解説しながら、経全体を要約したもの。

・「大日経開題（大日経疏要文記）」（三宝院蔵）

原本に題がなく、「大日経疏要文記」と名づけられた。表紙の外題《げだい》に「大日経開題」とあるので、国宝指定はこの名前でされた。六枚の残紙をつないだ巻子本になっている。細字の行書で、「三十帖策子」の空海真筆と同じ書風がみられる。内容は開題ではなく、「大日経」の注解書「大日経疏」からの抜き書きで、在唐中の研究ノートである可能性が高いという指摘がある（宮坂宥勝『書道芸術』図版解題）。

・「崔子玉座右銘」（高野山宝亀院・東京大師会）

『文選』巻二十八の後漢・崔瑗《さいえん》（字《あざな》は子玉）の「座右銘」百字を書写したもの。もとは巻子本であったが、現存しているのは、五行十字の断簡一幅、八行十六字の零本一巻、一行二字や二行四字の断簡など、合計四十四字である。当時の書はたいてい小字であるが、これは大字の草書で珍しい。古くから空海の書といわれてきたが、確証はない。

### 嵯峨天皇と空海と書

空海が『請来目録』に載っている書物や品物以外の、いわば個人的秘蔵品の多くを嵯峨天皇に献上したことは前章で述べた。献上品は大半が書に関するもので、嵯峨天皇と空海の間には、同好の士としてのつながりが日を追って強くなっていたことを物語る。

『性霊集』巻四には「勅賜の世説の屏風書き畢って献ずる表」がある。大同四年（八〇九）、空海は、嵯峨天皇の命によって「世説の屏風」を書いて献上した。これが、嵯峨天皇と空海との書をめぐる交流のきっかけとなる。

ところで、「世説の屏風」とはどんなものであろうか。「世説」が『世説新語』をいうことは明らかである。南朝宋の劉義慶の著したこの書は、後漢から東晋までの名士のエピソード千百三十話を、「徳行篇」「言語篇」などの三十六篇に分類したもので、文学としてのみならず、いわゆる六朝貴族の生活や価値観を知る上でなくてはならない書物である。かなりの分量のある『世説新語』全体を、屏風に書いたとは思えない。おそらく、空海は『世説新語』からの抜粋文を屏風に書いたのだろう。「献ずる表」には、自分は一介の僧侶にすぎず「墨池の才（書の才能）」を持たないと謙遜する言葉のみが書かれていて、屏風の内容は明らかでない。ちなみに、『世説新語』が日本に流伝した時期はわかっていないが、平安時代に藤原佐世《すけよ》が著した『日本国見在書目録《げんざいしょ》』（八九一〜八九四成立）には記載されている。

当時空海は三十六歳で、唐より帰国して三年後のことであった。これを皮切りに、空海は何度も唐人の詩集や書跡、筆や詩を嵯峨天皇に献上している。

『性霊集』巻三には「勅賜の屏風書き了《おわ》って即《すなわ》ち献ずる表幷びに詩」がある。これは弘仁七年

（八一六）八月に書かれたもので、空海はこの年、再び嵯峨天皇の命によって屛風に詩句を書いて献上した。嵯峨天皇はその屛風を見て、称賛の詩を作った。その中で、「世上《せじょう》草書 言いて聖と為す（世間では空海を草書の聖といっている）」とか、「絶妙芸能 測るべからず（絶妙なる才能は計り知れず）、二王《におう》没後 此の僧生ず（王羲之・王献之父子以後、この僧が最も優れている）」と絶賛している（『高野大師御広伝』）。

弘仁九年（八一八）、嵯峨天皇は菅原清公《すがわらのきよきみ》に大内裏《だいだいり》の門の名を選ばせた（『高野大師御広伝』では弘仁元年とする）。そして北面三門の額は嵯峨天皇が自ら書き、南面三門（美福《びふく》門・朱雀《すざく》門・皇嘉《こうか》門）の額は空海が、東面三門の額は橘逸勢《たちばなのはやなり》が書いた。

空海と逸勢は入唐して大陸の書風を学び、その書風を愛した嵯峨天皇に額の筆者に選ばれたものと思われる。この嵯峨天皇・空海・橘逸勢の三人が、後世「三筆」と呼ばれるようになったのである。『古今著聞集《ここんちょもんじゅう》』巻七には、嵯峨天皇と空海が書の優劣を争ったという話があり、嵯峨天皇が空海の書が非常に優れていることを認めて、「誠に我にはまさられたりけり」としたと書かれてある。この話が事実かどうかはわからないが、「三筆」のうち空海が最もすぐれていると、世間で考えられていたといえるであろう。

## 詩文の流行と書

都の大学では、奈良時代には経書（儒教のテキスト）を学ぶ明経道が最も尊重されたが、平安時代になると、詩文を学ぶ紀伝道（文章道）が最も尊ばれるようになった。つまり、経学よりも文芸が愛好されて、弘仁・天長のころ（八一〇〜八三三）には詩文の隆盛は頂点に達した。唐における詩文の流行が少し遅れて入ってきたのであった。この時期、勅撰の漢詩集が次々と編纂された。嵯峨天皇の勅命を受けて、弘仁五年（八一四）に『凌雲集《りょううんしゅう》』、弘仁九年（八一八）に『文華秀麗集《ぶんかしゅうれいしゅう》』、淳和《じゅんな》天皇の天長四年（八二七）に『経国集《けいこくしゅう》』が出た。『経国集』には僧侶ではただ一人、空海の詩が収められている。

ところで、空海の『文鏡秘府論』南巻「論文意」では次のようにいう。

詩は志《こころざし》に本《もと》づくなり。心に在《あ》るを志と為《な》し、言に発するを詩と為す。情 中に動きて言に形《あら》われ、然《しか》る後にこれを紙に書くなり。

――詩は志を根本とする。心中にあって志であるものが、言葉になって現れたのが詩である。情が心中で動いて言葉になって外に現れ、形になったものを紙に書くのである。

この言葉は『詩経』大序の「詩とは志の之《ゆ》く所なり。心に在るを志と為し、言に発するを詩と為

す。情中に動いて、言に形わる」に基づいているが、「紙に書く」と付け加えたことが注目される。また、

それ文章の興作《こうさく》は、まず気を動かす。気は心に生じて、心は言に発し、耳に聞き、目に見て、紙に録す。

――そもそも文章がおこるのは、まず気を動かし、気が心中に生じ、心中を言葉に発したものを、耳に聞き、目で見て、紙に書き付ける。

紙、筆、墨、常に須《す》べからく身に随《したが》えて、興《きょう》来たらば即ち録すべし。

――紙、筆、墨はいつも身につけて、興趣を感じたら、すぐに書き記すべきである。

とも述べている（同前）。これらのことばから、詩文を作ることと書に書くこととが、非常に密接な関係として考えられていたことがうかがえる。

一般的に言って、中国でも日本でも、古くは詩文を作ることが盛んになればなるほど書も盛んになった。詩文が盛んになった弘仁から天長のころは、書もまた盛んになった。詩人として優れていた空海と、名書家としての空海が、相乗効果で一層注目を集めたのも当然である。そして、そのこ

とは空海の僧としての評判にも大いに影響を与えたに違いない。

空海は、その持てる才能を充分に発揮できる時代に生まれ合わせたといえよう。もう少し早く、詩文が流行していないころに生涯を送っていたら、その詩も書も有名にならなかったかもしれない。ここにも、天才が運を引き寄せる証しを見る思いがする。

**五筆和尚**

空海が生前ばかりでなく、現在でも我が国第一の名筆家として尊重されているのは、その書が非常に優秀であるばかりでなく、各種各様の書体を巧みに書くことができたからであろう。空海は楷書・行書・草書の三体のみならず、篆書・隷書をもよくし、また飛白を含めた雑体書を書くこともできた。また、空海以前の日本の書は小字ばかりであったが、空海は大字にも巧みであった。

仁寿《じんじゅ》三年（八五三）に唐の商人の船で入唐した円珍《えんちん》が、福州開元寺に行ったとき、寺主の恵灌《えかん》が「五筆《ごひつ》和尚は在《いま》すや無《いな》や（五筆和尚はご存命でしょうか）」と問うたという（小野勝年『入唐求法行歴の研究』）。「五筆和尚」とは空海のことを指す。空海がわずかな期間滞在した福州で、五十年を経た後も、土地の僧侶の記憶に焼き付いていることは驚くに値する。しかも「五筆」という呼称がすでに福州滞在時に生まれていたことに注目すべきである。

また、円珍は、青龍寺東塔の義真《ぎしん》阿闍梨が「恒《つね》に故空海大法師の聡明にして五筆を兼ねるを讃ず」（小野勝年前掲書）とも書き残していて、空海が長安でも「五筆を兼ね」ているとして有名であったことを示す。

五筆とは、おそらく篆・隷・楷・行・草の五体をいうのであり、「兼ねる」とはすべてに巧みであったことを意味するのであろう。福州ですでに、どの書体にも優れているという評判をとっていたことになり、その評判は空海の移動する先々についていったのであろう。文化的に後進国とみなされていた日本の若い僧を、唐の人々がいかに驚きの目をもって見ていたか、想像すると楽しい。

その呼称の由来を、長安の宮廷の壁に書かれた王羲之の書が剝落していたのを、憲宗の命で空海が口と左右の手足で五本の筆を用いて、一度に五行を書いたから、とする伝承もある（『高野大師御広伝』）。『本朝神仙伝《ほんちょうしんせんでん》』にも同様の記載があり、この説は広く喧伝されたものと思われる。

ところで、「弘法は筆を選ばず」ということばがあるが、空海は、皇太子に狸毛の筆を献上した時の添え状「春宮《とうぐう》に筆を進むる啓」（『性霊集』巻四）に、「能書は必ず好筆を用う」「臨池《りんち》は字を逐《お》いて筆を変ず」と書いている。つまり、字のうまい人は必ずよい筆を用いる、字を書くときは書体に従って筆を変える、という意味で、「選ばず」どころか「選べ」というのである。草書なら草書用、行書なら行書用の筆を選ばなくてはならない、しかし、弘法大師はどの書体用の筆を手にとっても立派な書を書いた。それが「弘法は筆を選ばず」ということで、どの書体も上手であったというのが真意であろうと思われる。

## 空海の学書

空海はいつ、どのように書を学んだのだろうか。都の大学には書博士がいたから、大学在学中は書博士に書法を学んだことであろう。しかし、空海の場合、自身の努力によって習得していった気配が強い。

「李邕《りよう》が真跡の屏風を進むる表」（『性霊集』巻四）には、

空海久しく翰墨《かんぼく》を閲《えつ》し、志画一《かくいつ》に深し。安禅《あんぜん》の余隙《よげき》、時に六書《りくしょ》の秘奥《ひおう》を探り、持観《じかん》の暇《いとま》、数《しば》しば古人の至意《しい》を検《けん》す。

――わたくし空海は久しい以前より書に関心を持ち、書の道を深めたいと願っておりました。禅定《ぜんじょう》の合間に、時には漢字の字形の意味を探り、瞑想の間に暇を作っては、古人の名筆の真意を見きわめようとしました。

とある。「久しく」というのは、久しい以前、すなわち若いころから、ということであろう。「六書」は後漢・許慎《きょしん》の『説文解字《せつもんかいじ》』叙《じょ》などに出てくる漢字の組み立てや字義についての法則をいう。

在唐中には、唐人に書を学んだようで、「劉廷芝《りゅうていし》集を書して奉献する表」（同巻四）には、

余《よ》海西《かいせい》に於《お》いて、頗《すこぶ》る骨法《こっぽう》を閑《なら》い、未《いま》だ画墨《かくぼく》せずと雖《いえど》も、稍《や》や規矩《きく》を覚《さと》れり

——私は中国において、かなり書法を学びました。むこうでは実際に書いてはきませんでしたが、いくらかは法則を理解しました。

とある。

誰に習ったかということについては、「勅賜の屏風書き了って即ち献ずる表」（同巻三）に、

空海、儻《たま》たま解書《かいしょ》先生に遇《あ》ひ、粗《ほ》ぼ口訣《こうけつ》を聞けり。

——わたくし空海はたまたま書にくわしい先生に出会って、書の秘訣の大略を口伝えに聞きました。

とある。「解書先生」は書にくわしい人の意味で、特定の人物の名は挙げていない。空海が唐の書を多く目にして学んだことは、多くの唐人の書跡を持ち帰っていることからもわかる。

また、「梵字幷びに雑文を献ずる表」（同巻四）には、

窟観《くっかん》の余暇、時に印度の文を学び、茶湯《ちゃとう》坐し来たって、乍《とき》に振旦《しんたん》の書を閲す。蒼史《そうし》の古篆《こてん》、右軍《ゆうぐん》

ばあらず。の今隷《きんれい》、務光《むこう》の韮葉《きゅうよう》、杜氏《とし》の草勢《そうせい》を見る毎《ごと》に、未だ嘗《かつ》て野心憂《うれ》いを忘れ、山情笑《さんじょうえ》みを含まずん

——禅観に励む合間に、時にはインドの文字を学んだり、茶湯を喫するときには、折に触れ中国の書を鑑賞します。蒼頡《そうけつ》や史籀《しちゅう》の古篆、王羲之の隷書、務光の倒韮篆《とうきゅうてん》（務光が作ったといわれる雑体書の名）、杜度《とど》の草書を見るたび、卑しい私の心も悩みを忘れ、下品な私の心も思わず笑みを浮かべるようになります。

とある。「印度の文を学ぶ」とあるから帰国後のことであろうが、空海が日々に名筆を鑑賞し、書に力を注いでいたことがうかがえる。

**王羲之と顔真卿**

「書聖《しょせい》」といわれる東晋の王羲之（三〇三～三七九）の書は、彼の生存中から人気があり、南朝で評価が確定し、唐代になっても人気が衰えることがなかった。特に唐初、太宗が王羲之の書を愛好したことが、王羲之人気に拍車をかけた。

奈良時代の日本でも、王羲之の書がもっとも愛好され、尊重されていた。その流行は長く続き、平安時代になっても変わらなかった。それは中国での流行にならっていたと同時に、流麗で安定感

のある書が日本人の好みに合ったからでもある。空海も、書に関する文章の中で再三王羲之に触れ、また王羲之の書を持ち帰っていることから、やはり王羲之の書を学んでいたものと思われる。

さて、空海の真筆と言われる「灌頂歴名」の冒頭の四行には王羲之の書法、その後は顔真卿《がんしんけい》の書法の影響が見られるといわれ、「風信帖」には王羲之風と顔真卿風のどちらも含まれているといわれている。

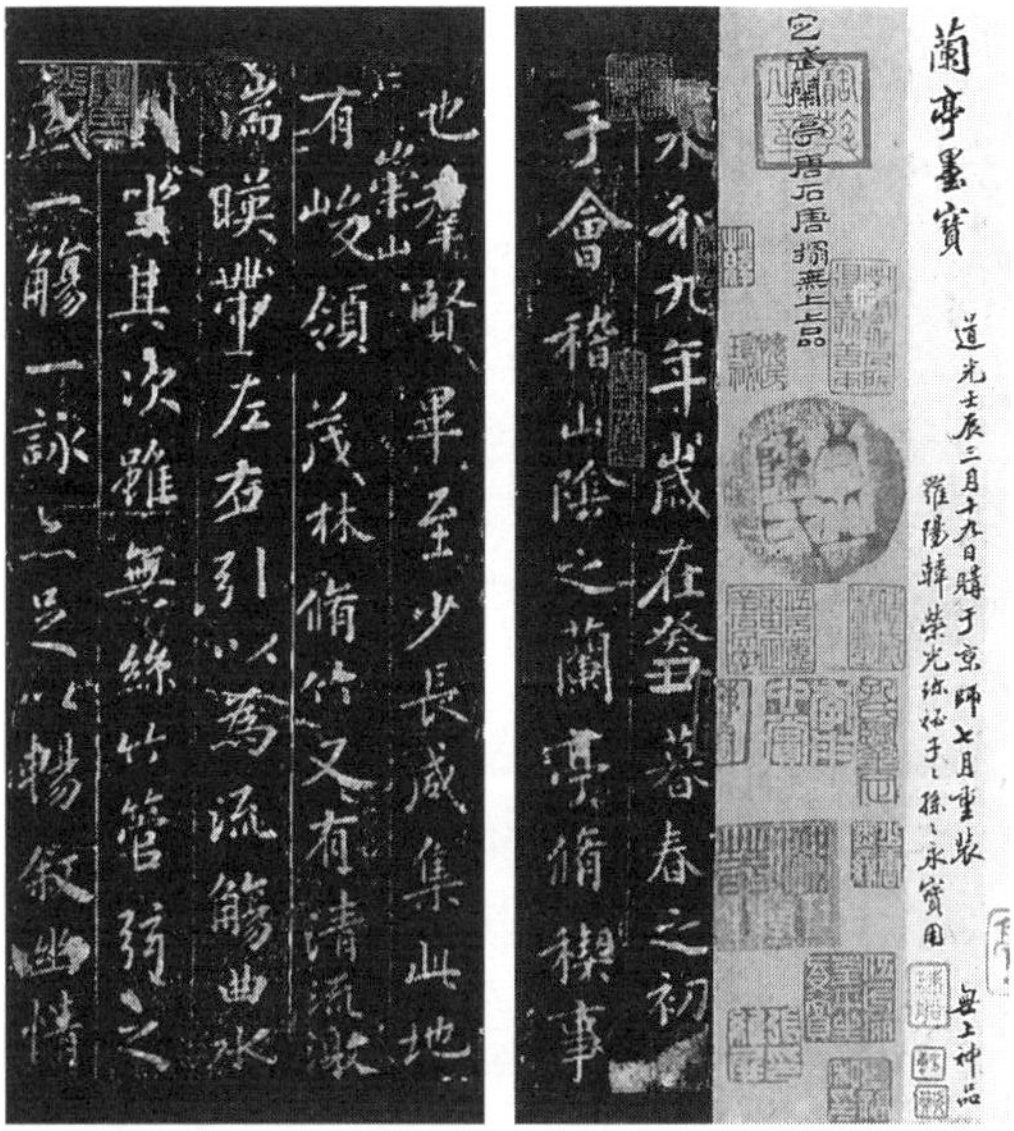

王羲之「蘭亭叙」（宋拓。書道博物館蔵）

顔真卿（七〇九〜七八四）は、唐の玄宗のとき、安禄山と戦い、忠臣として知られた人物であるが、徳宗のとき反将の李希烈《りきれつ》に殺された。彼の書は王羲之風の優美な書とは異なり、雄勁《ゆうけい》な個性的な書風を持つ。

この時期、唐において顔真卿とともに張旭《ちょうきょく》、懐素《かいそ》という個性を前面に出した書人が登場したのには、時代的背景がある。このころ、安禄山の乱を境にして、社会は大きく変革しようとしていた。六

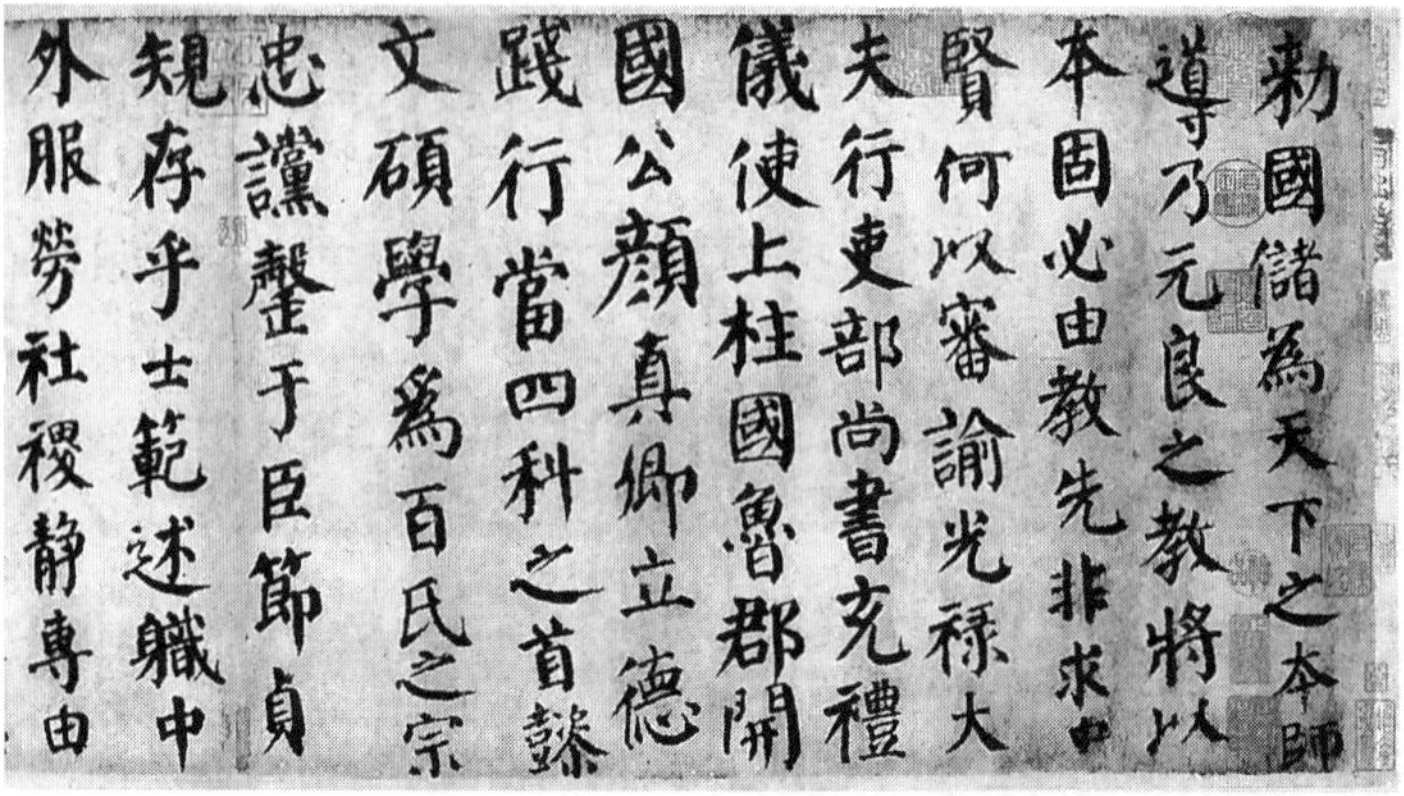


**顔真卿「自書告身帖」**（書道博物館蔵）

朝風の貴族文化を継承してきた唐の文化は、凋落に向かいつつあった。その中で、詩の世界では杜甫《とほ》が、文学・思想界では韓愈が登場し、次の宋につながる業績を残している。顔真卿も新しい価値観を生み出した一人であった。

空海の在唐中には、顔法（顔真卿の書法）が広く行われていて、空海も学ぶことができた、という人もいるが、これはおかしい。顔真卿の書の評価が広く喧伝されるようになるのは、北宋になってからである。宋代には、彼の人となりに対する評価が高まり、それにつれて、その書も高く評価されるようになるのである。むしろ、空海が早々とその書を学んでいることに驚かされる。顔真卿の書風は、柳公権《りゅうこうけん》（七七八～八六五）に受け継がれたといわれる。空海の周辺に、顔真卿から柳公権につながる書風を学んでいた人がいたのであろうか。あるいは、それが「解書先生」であったかもしれない。

## 「唐孫過庭書譜断簡」

ところで、空海の筆になる「唐孫《そん》過《か》庭《てい》書《しょ》譜《ふ》断《だん》簡《かん》」という書が二種現存している。『書譜』は、唐の孫過庭が六八七年に書いた書の理論書で、南朝以来の伝統的な書の理論がまとめられている。現在、孫過庭の真筆の臨模本に属するとみられるものが台北・故宮博物院に伝わっていて、唐代の草書の代表作品として知られている。

「唐孫過庭書譜断簡」は、『書譜』を空海が書き写したものの一部で、御物本《ぎょぶつ》（宮内庁所蔵）と陽《よう》明《めい》文庫本がある。陽明文庫本は、「五十知命」から「時然後」までの三十二字（一字欠落）を三行に書いたもの。御物本は、「互相陶淬」から始まり「仮令薄解」までの一〇八字十三行からなる。

江戸時代寛政七年（一七九五）、北条鉉《ほうじょうげん》が刊行した『集古続帖《しゅうこぞくじょう》』には、空海の書跡が数点模刻され収められていて、その中に「書譜」もある。跋文《ばつぶん》によると、浪華《なにわ》の木世粛《ぼくせいしゅく》（木村蒹葭堂《けんかどう》）の所蔵する模本に依ったらしい。書体も毎行の文字数も御物本に同じであるが、『集古続帖』では五字欠けているのは、模本に依ったからであろう。注目すべきは、御物本の十三行の後にさらに二十六行あることで、もともとは三十九行あったことがわかる。この二十六行の中には、中国に残る『書譜』にない二十八字、ちょうど三行分が存在していて、『書譜』の古い形を伝えていると見ることができる。

空海は、唐にいたとき、現在中国に伝わっている『書譜』より原本に近い臨模本を筆写し、孫過庭の草書を学ぶと同時に、当時の中国における書の理論をも学んでいたのである。

空海自筆写本の断簡（三十九行）の模写本が、博物学者で蔵書家として知られた大坂の木村蒹葭堂の手に入り、それに依って『集古続帖』は作られた。断簡はのちに十三行になり、現在、御物本として伝わっているとみてよいだろう。

この「書譜断簡」について、中田勇次郎氏は、御物本は空海の書風で書かれた真筆であると断じている。また、陽明文庫本は中国伝来の『書譜』に筆跡が類似していて、御物本とは書風は異なるが、空海自身の臨模本であろうと述べている（『書道芸術』図版解題）。

**空海と雑体書**

「梵字幷びに雑文を献ずる表」（『性霊集』巻四）において、嵯峨天皇に献上した書物の中に『古今《ここん》篆隷文体《てんれいぶんたい》』一巻がある。これについて述べよう。

中国では六朝時代に雑体書が流行した。これは篆書（秦の国の文字をもとに始皇帝の時代に整理された書体）や隷書（篆書の筆記体から進化した漢代の正式書体）をもとに意匠化した装飾的な書体である。すでに戦国時代の楚や呉越の地方では、鳥書《ちょうしょ》や虫書《ちゅうしょ》と呼ばれる書体が用いられていた。六朝時代、文化の中心が江南地方、かつての呉越地方に移ってくると、鳥虫書《ちょうちゅうしょ》やその他の多くの装飾的な書体が登場してきた。当時は貴族文化が栄えた時代で、その時代の空気とも合致して流行したのである。
南朝宋の王愔《おうあん》の「文字志目《もじしもく》」には三十六の書体名があげられている。ここには篆書や隷書、楷書・行書・草書といった通用の書体以外に、科斗篆《かとてん》・鳥書・魚《ぎょ》書・垂露《すいろ》篆などの名が見える。同じく南朝梁の庾元威《ゆげんい》の「論書」は、屏風に百体の書を書いたとして、その百体の名をあげている。先の三十六の書体に加えて、さらに多くの不思議な書体名が見える。このような雑体をたくさん書いた屏風を雑体屏風、あるいは百体《ひゃくたい》屏風といい、これが六朝から唐にかけて宮廷や貴族の邸宅の室内装飾として流行していたようである。正倉院御物の「鳥毛《とりげ》篆書屏風」や「鳥毛帖成文書《じょうせいぶんしょ》屏風」はそうした雑体屏風の一種といえよう。

　これらの名前だけが伝わる多くの書体が、実際にどういうものであるのか、それを教えてくれるのが『古今篆隷文体』である。この書は梁の蕭子良《しょうしりょう》が書いたもので、『隋書』経籍志には載っているが、その後、中国では失われてしまった。その書物を空海は持ち帰っているのである。現在、この書の写本が京都山科の毘沙門堂《びしゃもんどう》に伝わっているが、空海請来のもの、あるいはその写本かどうかはわからない。この書には四十三種の雑体が図示されている。

　ともかく、空海が唐に滞在したころまでは、この書が唐にあったこと、そして雑体がまだ流行していたことがわかる。また、唐代の類書『初学記』に文字の項があり、雑体書の名称や由来についての記述があるが、後の類書にはこうした項目がないことを考え合わせると、唐代の人々の文字に

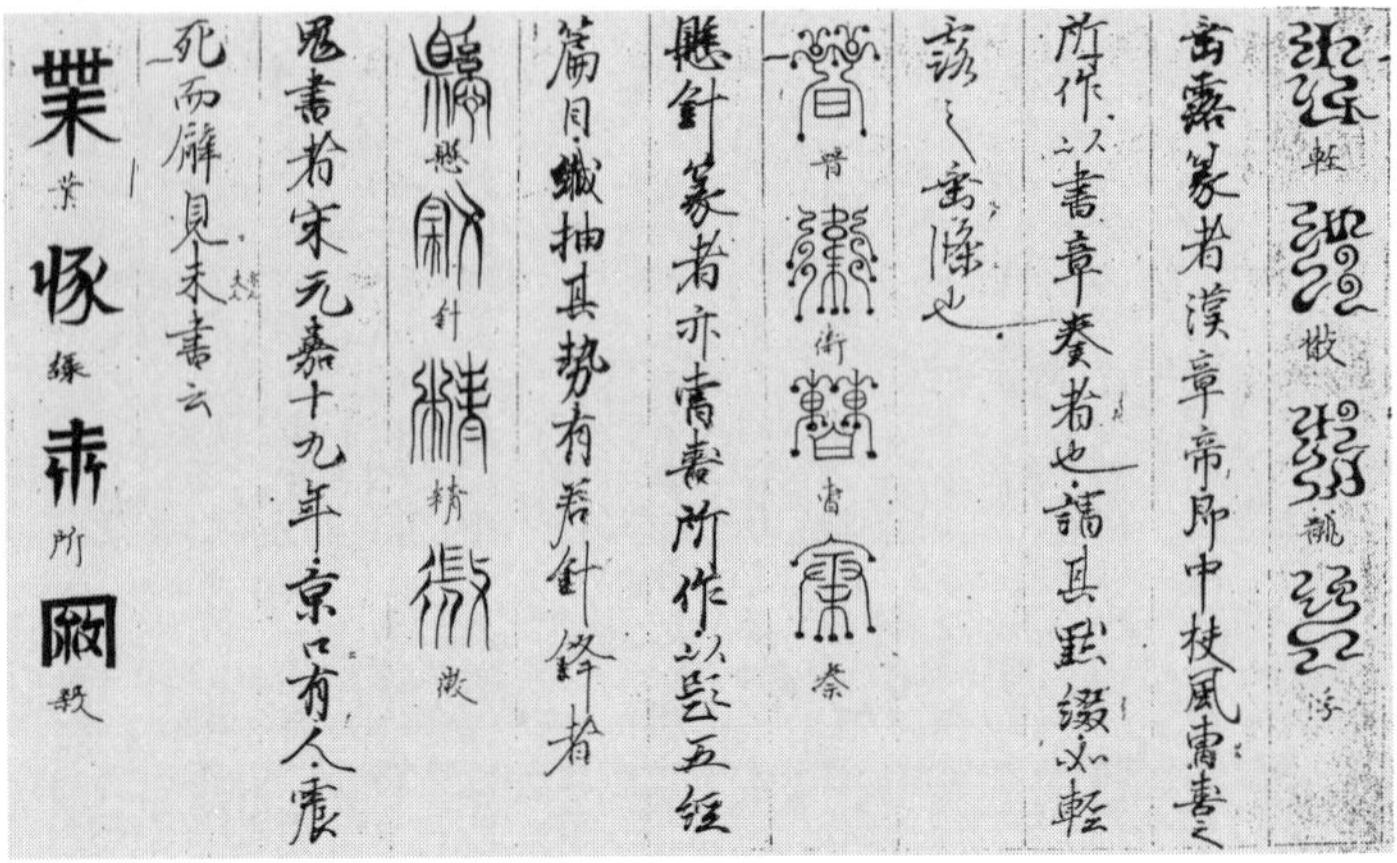

『古今篆隷文体』（毘沙門堂蔵）

寄せる関心の傾向がうかがえる。

　その一方で、上述した孫過庭『書譜』では「また龍《りゅう》蛇《だ》雲《うん》露《ろ》の流《りゅう》、亀鶴花英《きかくかえい》の類有り」と雑体書を挙げ、「乍《すなわ》ち真を率爾《そつじ》に図《ず》し、或いは瑞《ずい》を当年に写す。巧《こう》は丹青《たんせい》に渡り、工は翰墨《かんぼく》を虧《か》く。夫《か》の楷式《かいしき》に異なれば、詳《つまびら》かにする所に非《あら》ず（事物のありのままを描き、あるいはその年の瑞祥を写し取ったもので、技巧は絵画に似て、書としての技法に欠けている。書法とは違うものなので詳しく論ずるまでもない）」と断じている。

　空海がこの『古今篆隷文体』を持ち帰ったことは、彼の雑体書に対する関心の高さを示している。「勅賜の屛風書き了って即ち献ずる表幷びに詩」には、虫書・垂露・懸針《けんしん》などの書体名を書き連ね、「是の如《かく》きの六十余体は並びに皆な人の心の物に感じて作《な》すなり」とある。つまり、嵯峨天皇から賜った屛風に、初唐の詩人元兢《げんきょう》の『古今詩人秀句』二巻（従来、「古今の詩人の秀句」と解釈されてきたが、興膳宏「空海と漢文学」の指摘に従う）を六十余体の雑体書で書いて献上したのである。『古今篆隷文体』に図示された四十三種よりさらに多い書体を書いたということは、この書以外の雑体書の手本を唐で実見してきたのであろう。空海はそれらの書体を「どれも人が自然界の物に心動かされてできたものである」と賛美している。この言葉は、『書譜』の「乍ち真を率爾に図し」たものを書として認めない立場とくらべて興味深い。

空海は雑体書の一つである飛白にもなみなみならぬ関心を持っていた。「劉希夷集を書して献納する表」(『性霊集』巻四)からは「在唐時に見て試みに書いた」飛白一巻を献上したことがうかがえるし、「雑書迹を奉献する状」(同前)には、唐から持ち帰った「鳥獣飛白一巻」を献上したことが書かれている。また、教王護国寺(東寺)に伝わる「真言七祖像賛幷びに行状文」の飛白書は空海の真筆であり、後に大師流といわれる書法の典型である。

また、空海の筆と伝えられて今に残る「益田池碑銘《ますだいけひめい》幷びに序」も数多くの雑体書で書かれている。この書体をまねたものも多くあり、たいてい「空海の書」ということになっている。このような雑体書が当時の人の目に珍しく映り、空海といえばこのような書、というふうに思われたからであろう。

空海と書、およびその周辺については、興味深い問題がいくつもある。ともあれ、弘法大師空海という人の生きていた証しを、その真筆に見ることができるのは非常に幸いであるといえよう。

# 6 空海の詩

唐代は詩が盛んな時代であった。知識人は一人残らず詩人でもあった。清の康熙帝《こうきてい》の勅を奉じて編まれた『全唐詩《ぜんとうし》』には、二千二百余人の詩、約四万九千首というおびただしい数の詩が収められている。別集《べっしゅう》と呼ばれる個人詩文集も数多く作られた。唐代には近体詩（唐詩）のスタイルが確立したが、従来からの古詩も多く作られた。また、詩人層の広がりと詩の題材の多様性も、この時代の詩の特色である。

日本には漢から六朝の詩文を編纂した『文選』は早くから入っていたが、唐代の詩の盛行はやや遅れて伝わった。空海も、入唐して初めて本格的に唐詩に触れたと思われる。平安時代に大流行した白居易（七七二〜八四六）の作品は、その存命中に日本にもたらされたと白居易本人が書いているが、これは空海入唐よりかなり後のことである。

以上のような状況を背景に、空海がどのような詩を書いていたか、述べてみよう。

**「十韻詩」**

『聾瞽指帰』（『三教指帰』）中には「観無常賦《かんむじょうのふ》」「生死海賦《しょうじかいのふ》」「十韻詩《じゅういんし》」が含まれている。賦とは、『楚辞《そじ》』の影響を受けて漢代に生まれた韻文の一種である。数多くのことばをつらねて美しく描写することを特徴とし、漢の皇帝が好んだこともあって盛んに作られた。その代表的作品が、司馬相如の「子虚上林賦」で、これが『聾瞽指帰』の構成に影響を与えたことはすでに述べたとおりである。六朝期から唐代まで流行した四六駢儷文も、賦から発展した文体である。賦と詩はどちらも韻文ではあるが、賦は半詩半文のスタイルであると考えればわかりやすい。

「十韻詩」は五言二十句の古詩スタイルの詩で、偶数番目の句末の十字が同韻を踏むため、「十韻詩」という。仮名乞児《かめいこつじ》の述べてきた仏教論のまとめをなすものとして、全体の最後に置かれている。ところで、『文選』第五十六巻に後漢の崔瑗《さいえん》（字は子玉《しぎょく》）の「座右銘《ざうめい》」一首があり、五言二十句で隔句ごとに韻を踏んでいるため、「十韻銘」ともいわれる。『指帰』の「亀毛先生論」に、「好みて人の短を談じ、十韻の銘を顧みること莫《な》かれ」とあるが、これは、崔瑗の「座右銘」の冒頭の「人の短を道《い》う無《な》かれ」を踏まえている。この「座右銘」が「十韻詩」の手本になったと思われる。なお、空海の真筆といわれる「崔子玉座右銘」はこれを書写したもので、空海が若いときから久しく親しんでいたことがうかがえる。

ここで『聾瞽指帰』の「十韻詩」を読んでみよう。空海二十四歳、現存する最年少の詩である。

作心漁孔教　心を作《おこ》して孔教《こうきょう》を漁《もと》め
馳憶狩老風　憶《おも》いを馳《は》せて老風《ろうふう》を狩る
双営今生始　双《ふた》つながら今生《こんじょう》の始めを営み
並怠来葉終　並びに来葉《らいよう》の終わりを怠る

方現種覚尊
円寂一切通
誓深梁溺海
慈厚灑焚籠
悲普四生類
恤均一子衆
誘他専為業
励己兼作功
汎濫船六度
翥抜車両空
能浄翔寥覚
悪濁泳塵夢
両諦非殊処
一心為塞融
庶幾擾擾輩
速仰如如宮

方現《ほうげん》　種覚の尊
円寂《えんじゃく》　一切に通ず
誓いは深くして溺海《できかい》に梁《わた》し
慈《いつくし》みは厚くして焚籠《はんろう》に灑《そそ》ぐ
悲《かな》しみは四生《ししょう》の類《たぐい》に普《あまね》く
恤《めぐ》みは一子《いっし》と衆に均《ひと》し
他を誘《いざな》いて専《もっぱ》ら業《ごう》と為《な》し
己《おのれ》を励まして兼ねて功《こう》を作《な》す
汎濫《はんらん》には六度《ろくど》を船とし
翥抜《しょばつ》には両　空《りょうくう》を車とす
能浄《のうじょう》は寥覚《りょうかく》に翔《か》け
悪濁《おだく》は塵夢《じんむ》を泳ぐ
両諦《りょうたい》は殊処《しゅしょ》に非ず
一心《いっしん》は塞融《さいゆう》を為す
庶幾《こいねが》わくは擾　擾《じょうじょう》の　輩《ともがら》
速《すみや》かに仰がん如如《にょにょ》の宮《きゅう》

――心を奮って孔子の教えを求め
思いをめぐらせて老子の教えを得ようとする
どちらも今の人生の営みには精を出すが
どちらも来世のことには疎《うと》い
ところが、現世において全てをさとった尊者は
涅槃《ねはん》にあたって一切に通じる
深い誓いは、人を溺れさせる荒海に渡す橋のよう
厚い慈愛は、燃える籠《かご》の火にそそいで消す雨のよう
あわれみはすべての生き物に行き渡り
恵みは我が子のように人々にも均等に
他人を誘うことを専らの仕事とし
自分を励まして合わせて功を立てる
洪水のようなこの世を渡るには、六度の修行を船にし
高く飛んで抜け出すには、二つの空《くう》を車にする
清らかになれるものは、静かなさとりの世界を翔け
汚く濁ったものは、塵で汚れた夢の世界を泳ぐ

真諦《しんたい》と俗諦《ぞくたい》の二つの真理は、異なるものではなく
一つの心が塞《ふさ》がったり融け合ったりするのだ
どうか乱れた人たちよ
速かに真如の宮殿を仰ぎ見てほしい

この詩の韻字は「風・終・通・籠・衆・功・空・蒙《ぼう》・融・宮」の十字である。空海は、孔子や老子の教えは、生きている間のことだけに熱心であるとし、その点において仏教に劣ると見ている。そして、仏教の優れたところを歌い上げ、世の人に仏教に帰依することをすすめるのである。

## 「十韻詩」の改作

空海は、『聾瞽指帰』を書き換えて『三教指帰』を作ったとき、序文と「十韻詩」を一新した。

『三教指帰』十韻詩

居諸破冥夜　居諸《きょしょ》　冥夜《めいや》を破り
三教褰癡心　三教　癡心《ちしん》を褰《かか》ぐ
性欲有多種　性欲に多種有り

医王異薬鍼
綱常因孔述
受習入槐林
変転聃公授
依伝道観臨
金仙一乗法
義益最幽深
自他兼利済
誰忘獣与禽
春花枝下落
秋露葉前沈
逝水不能住
迴風幾吐音
六塵能溺海
四徳所帰岑
已知三界縛

医王《いおう》　薬鍼《やくしん》を異にす
綱常《こうじょう》は孔《こう》に因《よ》って述べ
受習して槐林《かいりん》に入る
変転は聃公《たんこう》より授けられ
依伝《いでん》して道観《どうかん》に臨む
金仙《きんせん》　一乗《いちじょう》の法
義益《ぎやく》　最も幽深なり
自他　兼《あまね》く利済《りさい》し
誰か獣《じゅう》と禽《きん》とを忘れん
春花　枝の下に落ち
秋露　葉の前に沈む
逝《ゆ》く水　住《とど》まる能《あた》わず
迴風《かいふう》　幾《いく》ばくか音を吐く
六塵《ろくじん》は能《よ》く溺《おぼ》るる海
四徳《しとく》は帰《き》する所の岑《みね》
已《すで》に三界《さんがい》の縛《ばく》を知る

何不去纓簪　何ぞ纓簪《えいしん》を去らざらん

——日月が暗い夜の闇を破り
三教が愚かな心を向上させる
人の性質と欲望はさまざま
医王の治療法もさまざま
孔子は三綱五常を述べ
この教えを学べば三公の位に登る
老子は天地のめぐりの法則を授け
この教えを伝受して道観に住む
仏の一乗の法は
教義と利益は最も奥深く
自己と他人のどちらも救済し
禽獣すら忘れはしない
春の花は枝の下に落ち
秋の露は葉の前に沈む
流れる水はとどまることなく

うずまく風はいくたび音を立てたことか
色・声・香・味・触・法の六塵は人を溺れさせる海
常・楽・我・浄の四徳は人の帰るべき峰
すでに三界の束縛を知ったはず
どうして冠や簪《かんざし》を捨て去り出家しないのか

この詩では、「心・鍼・林・臨・深・禽・沈・音・岑・簪」が韻字となっている。「十韻詩」の改作は、空海が唐から持ち帰った詩論書に基づいてのことであった。唐代に成立した近体詩（唐詩）では、詩中の文字の平仄《ひょうそく》（四声《しせい》のうち平声《ひょうしょう》の字とそれ以外の上声《じょうしょう》・去声《きょしょう》・入声《にっしょう》の字）の配列に法則がある。「十韻詩」は古詩なので、厳密な平仄の配列は必要ないのであるが、『三教指帰』の「十韻詩」では、その点が充分に配慮されたものになっている。これに対し、改作前の『聾瞽指帰』の「十韻詩」では、そうした配慮がなされているとはいえない。この点が、『三教指帰』が渡唐以後の著作であるとする大きな理由である（両詩の平仄については興膳宏「空海と漢文学」および大柴慎一郎「『三教指帰』真作説」を参照）。

あれほど『文選』に習熟し、古風な辞賦スタイルを得意としていた空海であったが、渡唐以前は、唐詩の標準的な平仄の規則を知る機会もなかったに違いない。それは、すぐれた漢文を書いた山上憶良においてもいえることで、奈良から平安初期の漢詩人の声律に関する認識はおおむね低かった（興膳宏前掲論文）。のちに、空海が持ち帰った詩論書を編集して作った『文鏡秘府論』が、平安時代の詩人に新しい知識を与えることになるのであるが、このことは後で改めて述べることにしたい。

**『性霊集』**

空海の詩文集『遍照発揮性霊集《へんじょうはっきせいれいしゅう》』は、空海の高弟真済《しんぜい》（八〇〇～八六〇）が編纂した。通常『性霊集』と略称される。古くから一般的には「セイレイシフ」と読まれていたが、真言宗内では伝統的に「ショウリョウシュウ」と読み慣わしている。

真済の手になる序には「編みて十巻と成す」とあるが、その後、第八・九・十の三巻が散佚した。成立時期については、序に「侍坐《じざ》して集記するにほぼ五百より以来《このかた》の紙を得たり」とあること、また天長四年（八二七）に成立した勅撰漢詩集『経国集』に所載の空海の詩を除外していること（第十巻の「山に入る興」のみ『性霊集』にも収載）、さらに序に「西山禅念沙門真済撰集《せいざんぜんねんしゃもん》」とあるが、真済が空海に従って西山、すなわち高雄山神護寺へ入住したのが天長九年（八三二）であることから、空海在世中の天長九年から承和二年（八三五）三月までとする説がある（日本古典文学大系『三教指帰　性霊集』解説）。これに対し、序に「侍坐して」とあっても、その編纂が空海在世中とは限らないし、序で空海を「大遍照金剛《だいへんじょうこんごう》」と尊称していることや、空海を真言密教の付法の第八祖と述べていることから、空海の死後に成立したとみる説もある。『定本弘法大師全集』第八巻の解説では後者に従っている。

平安時代の弘仁・天長期（八一〇～八三三）は漢詩文が盛んになった時代で、『凌雲集』『文華秀麗集』『経国集』の三つの勅撰漢詩集が編まれ、多くの詩人の作品が収載された。これに対して、個人の漢詩文集がしばしば登場するようになるのは、貞観（八五九～八七七）や寛平（八八九～八九八）期で、菅原是善《これよし》（八一二～八八〇）の『菅相公集《かんしょうこうしゅう》』は現存しないが、都良香《みやこのよしか》（八三四～八七九）の『都氏《とし》文集』、島田忠臣（八二八～八九一）の『田氏《でんし》家集』などが現存する。これらの中では、なんといっても菅原道真（八四五～九〇三）の『菅家文草《かんけぶんそう》』『菅家後集《こうしゅう》』が名高く、平安時代の漢詩文集の代表的作品とされている。

空海の『性霊集』は、上記の個人詩文集に先立ち、現存する個人詩文集としては我が国最初のものである。編纂された時期は、あるいはほかの個人詩文集と前後するかもしれないが、集められた詩文は明らかにもっとも古い。

現行の『性霊集』全十巻は、承暦三年（一〇七九）に済暹《さいせん》が空海の遺文を集め、『続遍照発揮性霊集補闕抄《ほけつしょう》』三巻を編み、それを『性霊集』の第八巻から第十巻に充当したものである。第一巻から第十巻までの内容は次のとおりである。

第一巻　詩賦類
第二巻　碑銘類
第三巻　献上・贈呈の詩文類
第四巻　上表文と啓の類
第五巻　在唐中の書・啓・状の類
第六巻　達嚫《だっしん》文・願文《がんもん》
第七巻　達嚫文・願文
第八巻　達嚫文・願文・表白文
第九巻　奏状・啓白文
第十巻　詩・讃など雑類

第一巻から第七巻までが、『性霊集』の原型を伝える。編成上の体裁を、不空三蔵の『代宗朝贈司空大弁正広智三蔵和上表制集』（『不空三蔵表制集』と略称）に従っているという説があるらしい（『定本弘法大師全集』第八巻解説）。しかし、同解説もいうように、この『不空三蔵表制集』は全六巻のうち第四巻までは編年体であるから、同じとはいいがたい。わざわざ、『不空三蔵表制集』を引き合いに出すまでもなく、『性霊集』の体裁は『文選』以来の中国の詩文集の典型にほぼ従っている。

ちなみに『文選』の場合、類別の主なものを順を追って並べると、賦・詩・詔・表・上書・啓・序・賛・論・銘・碑などとなっている。また、中唐の韓愈の『韓昌黎《しょうれい》集』を例にとると、詩賦類のあと、論・書・啓・上書・序・祭文・墓誌・碑銘・上表文と並んでいる。

『性霊集』の場合、僧侶らしく願文や達嚫文（ダクシナーの音訳。文章をもって布施をする意味で、法事のときに用いる願文をいう）が多いが、これらも文章の一種類とみれば、詩文の種別によって配列した中国の文集のスタイルとほとんど変わりはないといえよう。

## 『性霊集』の詩

『性霊集』に収められた詩は、第一巻に十首、第三巻に五首、第四巻に一首、第十巻に二十四首がある。以下に並べてみよう。なお、近体詩（唐詩）では四句は絶句《ぜっく》、八句は律詩《りっし》というが、空海の詩は必ずしも近体詩としての条件（押韻や平仄）を完備しているとはいえない場合もあるので、ここではすべて句数を書いておく。雑言《ぞうごん》詩（長詩）は句数の数え方が特定できないので、数字はあげない。

第一巻

「山に遊んで仙を慕う詩　五言」（一百六句）

何劭《かしょう》と郭璞《かくはく》の「遊仙詩」（『文選』第二十一）にちなんで作った詩。

「秋の日に神泉苑を観る　七言」（十二句）

神泉苑は桓武天皇が禁中に作った庭園。空海は嵯峨天皇のお召しにより、この苑に遊んで詩を作った。

「野陸州《やりくしゅう》に贈る歌　雑言」（長詩）

野陸州は小野岑守《おののみねもり》のこと。弘仁六年（八一五）、陸奥守《むつのかみ》に任ぜられた。任地に赴く時に空海が贈った詩。

「雨を喜ぶ歌　雑言」（長詩）

天長元年（八二四）、諸寺に雨乞いの祈禱をさせて効があったのを喜んで作った詩。

「良相公《りょうしょうこう》に贈る詩　五言」（十六句）

良岑安世《よしみねのやすよ》が高野山に居住する空海にあてた手紙に、返事として贈った詩。序に「余報ずるに一章の五言詩、三篇の雑体歌を以てす」とある。「三篇の雑体歌（雑言詩）」は以下の三首。

「山に入る興《きょう》　雑言」（長詩）

「山」は高野山を指す。楽府《がふ》体の詩によく見られる「君見ずや君見ずや」などの語句のくりかえしが見られる。この詩は『経国集』第十巻にも収録されている。

「山中に何の楽しみか有る　雑言」（長詩）
「徒《いたず》らに玉を懐《いだ》く　雑言」（長詩）
「蘿《ら》皮《ひ》函《かん》の詞　七言」（四句）
　蘿皮函はあや模様のある木の皮で作った箱で、良岑安世への返事を入れて贈ったと思われる。これはそれに添えた詩。あるいは箱書きか。
「納涼房《のうりょうぼう》にて雲雷を望む　五言」（八句）
　京都高雄山の納涼房で雲雷を眺めたときの即興の詩。

第三巻
「勅賜の屏風書き了《おわ》って即ち献ずる表幷びに詩」（七言二十句）
　弘仁七年（八一六）八月十五日、嵯峨天皇の勅命によって雑体書で詩句を屏風に書いて献上したときの上表文に添えた詩。
「中寿感興詩《ちゅうじゅかんきょうし》」（五言八句）
　弘仁四年（八一三）、空海が四十歳のときの感興を書いた詩。
「恩賜の百屯《とん》の綿、兼ねて七言詩を奉謝する詩」（七言八句）
　弘仁五年（八一四）、嵯峨天皇から綿百屯と七言詩を賜ったのを感謝する詩。嵯峨天皇の詩の韻を引き継いで作ったもの。

「伴按察平章事《ばんあんさつへいしょうじ》の陸府に赴くに贈る詩」（七言二十句）
大伴宿禰国道《おおとものすくねくにみち》が按察使として陸奥《むつ》国に赴任する際に贈った詩。
「新羅《しらぎ》の道者に与うる詩」（七言八句）
弘仁九年（八一八）三月十九日、来朝した新羅の高僧に高雄山神護寺から贈った詩。
第四巻
「柑子《かんし》を進むる表并びに詩　七言」（八句）
乙訓寺《おとくにでら》のみかんを献上したときの上表文に添えた詩。
第十巻
「故《もと》の贈僧正勤操大徳《ぞうそうじょうごんぞうだいとく》の影《えい》の讃」（七言二十句）
勤操大徳の彫像の讃詩。天長五年（八二八）四月十三日の作。
「暮秋に元興《がんごう》の僧正大徳の八十を賀する詩」（四言二十八句）
天長六年（八二九）、奈良元興寺の護命《ごみょう》僧正の八十歳を祝った詩。
「秋日、僧正大師を賀し奉《たてまつ》る詩」（七言十二句）
護命僧正の祝賀の詩を護命の弟子の中継《ちゅうけい》の委嘱によって書いたもの。
「還俗《げんぞく》の人を見て作る」（七言八句）
「後夜《ごや》に仏法僧《ぶっぽうそう》の鳥を聞く」（七言四句）

「十喩《じゅうゆ》を詠ずる詩」十首（七言）
天長四年（八二七）三月一日、東山の広智《こうち》禅師に書き送ったもの。

「九想《きゅうそう》〔相〕の詩」十首（五言）
実際は九首であるが、全体を一首とみて十首としてある。

## 『性霊集』の詩を読む

『性霊集』の詩を読んで、空海の詩の特徴を探ってみよう。紙数の都合上、短い詩を選んでみた。

秋日観神泉苑
彳亍神泉観物候
心神怳惚不能帰
高台神構非人力
池鏡泓澄含日暉
鶴響聞天馴御苑
鵠翅且戢幾将飛
游魚戯藻数呑鉤

秋の日に神泉苑を観る
神泉に彳亍《てきちょく》して物候《ぶっこう》を観る
心神怳惚《しんしんこうこつ》として帰ること能《あた》わず
高台《こうだい》　神構《しんこう》にして人力に非ず
池鏡《ちきょう》　泓澄《おうちょう》として日暉《にっき》を含む
鶴の響《こえ》　天に聞こえて御苑《ぎょえん》に馴《な》れたり
鵠《こく》の翅《はね》　且《しばら》く戢《おさ》めて幾《ほとん》ど将《まさ》に飛ばんとす
游魚《ゆうぎょ》は藻《も》に戯れて、数《しば》しば鉤《こう》を呑《の》み

鹿鳴深草露霑衣　鹿は深草に鳴いて、露　衣を霑《うるお》す
一翔一住感君徳　一たび翔《かけ》り一たび住《とど》まって君徳を感じ
秋月秋風空入扉　秋の月秋の風　空《むな》しく扉に入る
銜草啄粱何不在　草を銜《ふく》み粱《りょう》を啄《ついば》んで何ぞ在らざる
蹌蹌率舞在玄機　蹌蹌《そうそう》として率《ひき》い舞って玄機《げんき》に在り

――宮中の神泉苑にたたずんで、あたりのようすを観ていると
心がうっとりして帰ることができなくなった
高台（築山《つきやま》）はまるで神が作ったもので人力によるものではないかのよう
鏡のような池はよく澄んで日の光を反射している
鶴は天にまで聞こえるように鳴き、御苑に慣れ親しみ
鵠《こうのとり》は羽根をしばし休め、今にも飛び立とうとしている
池に泳ぐ魚は藻に戯れるうちに鉤《つりばり》を呑みこむことがあり
鹿は深い草の中で鳴いているうちに露が衣を濡らすことがある
一度羽ばたき一度とどまれば、君の恩徳を感じ
秋の月や秋の風のように、自由に扉から入ることができる
草をふくみ粟《あわ》をついばんで、どうしてこれ以上望むことがあろうか

鳥たちを率いて高く舞い上がり、天子のまつりごとにあずかるのである

天子の庭園を賞め、天子の徳を称えるという内容から、まず思い浮かぶのは、司馬相如の「子虚上林賦」である。その後半の「上林賦」は漢の皇帝の上林苑のすばらしさと皇帝の威光を、美辞麗句を費やして述べたものである。この賦が、空海の『聾瞽指帰』の構成に影響を与えたことは先に触れた。「秋の日に神泉苑を観る」を作るにあたって、空海が「上林賦」を思い描いたのはまちがいないであろう。七言詩の形をとっているが、近体詩（唐詩）としての条件は完備しておらず、内容も含めて、古風な印象をぬぐいがたい。

もう一首、例をあげよう。空海は、良岑安世から詩が贈られたのに応えて、五言詩と三篇の雑言詩を贈った。その五言詩を読んでみよう。

贈良相公詩　　良相公に贈る詩

孤雲無定処　　孤雲《こうん》　定処《ていしょ》無く
本自愛高峯　　本《もと》より自《みずか》ら高峯《こうほう》を愛す
不知人里日　　人里《じんり》の日を知らず
観月臥青松　　月を観て青松《せいしょう》に臥《ふ》す

忽然開玉振
寧異対顔容
宿霧随吟斂
蘭情逐詠濃
伝灯君雅致
余誓済愚庸
機水多塵濁
金波不易従
飛雷猶未動
蟄蚑匪開封
巻舒非一己
行蔵任六龍

忽然《こつぜん》として開けば玉《ぎょく》のごとくに振るう
寧《むし》ろ顔容《がんよう》に対するに異《こと》ならんや
宿霧《しゅくむ》は吟ずるに随《したが》って斂《おさ》まり
蘭情《らんじょう》は詠ずるに逐《したが》って濃《こまや》かなり
伝灯《でんとう》は君が雅致《がち》
余《よ》誓う　愚庸《ぐよう》を済《すく》うことを
機水《きすい》　塵濁《じんだく》多ければ
金波《きんぱ》　従い易《やす》からず
飛雷《ひらい》　猶《な》お未《いま》だ動かざれば
蟄蚑《ちっき》　封を開くに匪《あら》ず
巻舒《かんじょ》　一己《いっき》に非ず
行蔵《こうぞう》　六龍《ろくりゅう》に任《まか》せたり

——空に一つ浮かんだ雲は決まった居場所も無い
私はもともと高い山を好んでいた
世間での生活をしたことがなく
月を見ながら青松の下に眠るのだ

突然のあなたの書状を開くと玉を振るうように詩句が美しく響く
まるで直接お会いするのと変わらない
長い間立ちこめていた霧のような隔たりが詩を読むにつれ消えていき
蘭の香りのようにかぐわしい友情が詩を詠ずるにつれ深まっていった
あなたの伝法の言葉にはゆかしい趣きがある
私は誓う、愚昧な衆生を済うことを
衆生の信心のきっかけが塵で汚れていれば
月の光のような仏法にも思うように従うことができない
雷がまだ鳴りださなければ
土中の虫けらは穴から這い出さない
進むも退くも一人で決することではない
行くも隠れるも六龍に任せ、世の動きを見て動くことである

多くの典拠を用いる作風は、六朝の詩を想起させる。その上、仏教語やその喩えを多用した空海の詩はわかりやすいものではない。

良岑安世は桓武天皇の皇子で、嵯峨天皇の異母兄弟である。嵯峨天皇の時代を代表する宮廷詩人

であった。空海には、良岑安世以外にも、嵯峨天皇、小野岑守、仲雄王《なかおのおおきみ》、滋野貞主《しげののさだぬし》などの宮廷詩人との交流があり、彼らとも詩の応酬をしている。また、『経国集』の詩人である浄野夏嗣《きよののなつつぐ》や笠仲守《かさのなかもり》の親族のために願文を書いていることから、彼らと空海の間にも親交があったと推測される（後藤昭雄「空海の周辺─勅撰詩集作者との交渉」）。

**『経国集』**

弘仁・天長期に編まれた三つの勅撰漢詩集のうち、弘仁五年（八一四）の『凌雲集』と同九年（八一八）の『文華秀麗集』は、空海の詩を収めていない。天長四年（八二七）の『経国集』は、もともと二十巻あり、序文には、作家は百七十八人、作品は賦十七首、詩九百十七首、序五十一首、対策（文官試験の答案）三十八首を採録したとある。このうち、第一・第十・第十一・第十三・第十四・第二十の六巻しか現存しないが、空海の詩は第十巻に五首、第十一巻に二首、第十三巻に一首の計八首が載っている。

その詩題を以下に並べてみよう。なお『経国集』では五言・七言・雑言の別は詩題の上に記されているが、ここでは詩題の後に置いた。

第十巻

「南山《なんざん》中に新羅《しらぎ》の道者《どうしゃ》に過《よ》ぎらる」　七言（四句）

高野山にて新羅の僧侶の訪問を受けた時の詩。『性霊集』第三巻の「新羅の道者に与うる詩」との関連で興味深い。弘仁九年（八一八）に来朝した新羅の高僧と同一人であろうか。

「金心寺に過《よ》ぎる」　七言（四句）

「青龍寺の義操《ぎそう》阿闍梨に留別す」　七言（四句）

「唐に在りて昶法《ちょうほう》和尚が小山《しょうざん》を観る」　七言（四句）

「山に入る興《きょう》」　雑言（長詩）

第十一巻

「現果《げんか》の詩」　七言（四句）

「過因《かいん》の詩」　七言（四句）

第十三巻

「秋山《しゅうざん》に雲雨《うんう》を望み、境《きょう》を以て心《しん》に比《ひ》す」　七言（八句）

『経国集』の名は、魏の文帝曹丕《そうひ》の「典論論文」の一節、「蓋《けだ》し文章は経国の大業にして不朽の盛事なり」に基づく。文学を「国を経《おさ》める」ための大事な仕事といいきることばは、政治における文学の位置の高さを物語るものとして有名である。このことばを勅撰漢詩文集の名につけたことは、とりもなおさず、当時の詩文の流行が、天皇および朝臣たちを核としていたことを示している。この集では、天皇を「太上天皇」（嵯峨天皇）、「高野《たかの》天皇」（称徳天皇）、「皇帝」（今上、淳和天皇）、内親王を中国風に「公主」と書くほかは、『文華秀麗集』と同じように詩人の姓を中国風に一字に略してある。その中で（少なくとも現存部分で）僧侶で採録されたのは空海のみであるが、空海が僧侶でありながら朝廷を中心とした漢詩文サロンの中に位置していたことがうかがわれる。

## 在唐中の詩

『経国集』に収められた空海の詩のうち、「金心寺に過ぎる」「青龍寺の義操阿闍梨に留別す」「唐に在りて昶法和尚が小山を観る」の三首は、在唐中に作詩したものである。

過金心寺
古貌満堂塵暗色
新華落地鳥繁声
経行観礼自心感
一両僧人不審名

金心寺に過ぎる
古貌《こぼう》　堂に満つ　塵暗《じんあん》の色
新華　地に落つ　鳥繁《ちょうはん》の声
経行観礼《きょうぎょうかんらい》　自《おの》ずから心に感ず
一両の僧人　名を審《つまび》らかにせず

——年老いた僧侶たちの姿が寺堂のそこここに見られ、暗い色の塵が漂う

みずみずしい春の花が散って地に落ち、多くの鳥の声が響く
僧侶が勤行礼拝《ごんぎょうらいはい》するのを見て、自然に心が動かされる
しかし、一人二人の僧侶の名を知らない

金心寺を金山寺とする写本もあって、それが正しいとすれば、常州（今の江蘇省）鎮江《ちんこう》の金山寺となろう。この詩は、暗い堂の中で勤行に励む僧の姿と、はらはらと花が散り鳥がさえずる春の情景を対比して詠う。春の景色にも目もくれない僧侶たちに空海は感動する。その僧たちの名前も知らないというのであるから、親しい寺ではあるまい。空海が中国で過ごした春は、八〇五年の長安での春と、翌八〇六年の帰国の途上での春との二度である。常州の金山寺であったかどうかは別としても、帰途に立ち寄った寺であったと推測しておこう。

留別青龍寺義操阿闍梨
　青龍寺の義操阿闍梨に留別す

同法同門喜遇深　　同法同門　遇《あ》うを喜ぶこと深し
遊空白霧忽帰岑　　空《そら》に遊ぶ白霧　忽《たちま》ち岑《みね》に帰る
一生一別難再見　　一生一別　再びは見《あ》い難《がた》し

非夢思中数数尋　　夢に非《あら》ず思いの中に数数《しばしば》尋ねん

――同じ仏門の義操阿闍梨に遇えたことはなんと喜ばしいことか
空にただよう白い霧が見る見るうちに峰に帰っていくように
ここでひとたび別れてしまうと、再び会うことは望めない
夢でなく、心の中でしばしば尋ねることにしよう

盛唐の詩人王維（六九九〜七五九）に「夏日過青龍寺謁操禅師（夏日、青龍寺に過《よ》ぎり操禅師に謁《えっ》す）」という詩がある。この操禅師は、義操阿闍梨のことと思われる（小島憲之「経国集の研究」）。王維のこの詩が書かれたときから、空海が義操に会ったときまで、少なく見積もっても五十年近く経っている。空海が会った当時、義操はかなりの高齢であっただろう。夢の中で会うのを待つのではなく、心の中に何度も思い出してみようというのである。

在唐観昶法和尚小山
　唐に在りて昶法和尚が小山を観る
看竹看花本国春　　竹を看《み》花を看《み》る　本国の春
人声鳥哢漢家新　　人声《じんせい》鳥哢《ちょうろう》　漢《かん》家《か》新《あたら》し

見君庭際小山色　君が庭際《ていさい》に見る　小山の色
還識君情不染塵　還《かえ》りて識《し》る　君が情の塵《ちり》に染まらざるを
——この庭にて竹や花を見ると、これは日本の春も同じ
人の声や鳥のさえずりに唐の国らしさを聞く
和尚の庭のはずれにある築山《つきやま》の色を見て
和尚の心情が俗塵に染まっていないことを知る

この詩は八〇五年の春、長安においての作であろう。竹や花は唐も日本も同じである。同じであるからこそ、故国が懐かしい。しかし、聞こえてくる人の声は中国語を話していて、鳥の声も日本とは違うようだ。それを耳新しく感じる空海である。昶法和尚の住まう寺院の庭の築山は、春の草木のみずみずしい色をしていて、和尚の心そのものを表すかのようだという。

空海の在唐中の詩三首の共通点は、僧侶や寺院を詩題にしていることである。しかも、彼らが仏門にひたすら帰依する心情に、本心からの敬意をこめて詠んでいる。

また、三首とも七言詩であることも注目されよう。七言詩は唐代になって盛んになった詩型である。七言絶句の流行を目にした空海は、学び覚えた七言絶句を作ろうとしたのであろうが、まだ習熟していない。押韻や平仄に誤りが見られるのである。

## 空海の山居詩

空海の詩には山中で自然を詠んだものや、山中での暮らしを物語るものがある。ここで、そのいくつかを紹介してみよう。

納涼房望雲雷　納涼房にて雲雷を望む
雲蒸壑似浅　雲蒸《じょう》して　壑《たに》　浅きに似たり
雷渡空如地　雷渡りて　空《そら》　地の如《ごと》し
颯颯風満房　颯颯《さつさつ》として　風　房《ぼう》に満ち
祁祁雨伴飀　祁祁《きき》として　雨　飀《り》に伴う
天光暗無色　天光　暗くして　色無く
楼月待難至　楼月《ろうげつ》　待てども　至り難し
魑魅媚殺人　魑魅《ちみ》　人を殺さんと媚《こ》び
夜深不能寐　夜深くして　寐《いぬ》る能《あた》わず

——雲がわき起こり、谷が浅くなったように見え
雷が鳴り渡り、空と地が一つになった
風がさあっと吹いて、部屋を満たし

雨がざあっと降って、嵐を連れてきた
日の光は暗くなって色を失い
楼上にて月を待てども来そうにない
もののけどもが人を殺そうとすり寄ってきて
夜が更けても眠ることができない

（『性霊集』第一巻）

この五言詩は、京都高雄山の納涼坊で作られたもの。作られた時期は不詳である。素直な写生詩であるが、不安定な気象の描写や、最後の二句の表現に特徴があるといえよう。

同じく山中の風雨を詠んだものに、『経国集』第十三巻の「秋山に雲雨を望み、境を以て心に比す」がある（この題の読み方については小島憲之「経国集詩注」に従う）。この七言詩の前半は次のとおりである。

白雲軽重起山谷
蒼嶺高低本入空
或灑或飛南北雨
乍飄乍扇東西風

白雲軽重《けいちょう》　山谷に起こり
蒼嶺《そうれい》高低　本《もと》より空《そら》に入る
或《ある》いは灑《そそ》ぎ或いは飛ぶ南北の雨
乍《ある》いは飄《ひょう》し乍いは扇《あお》ぐ東西の風

――白い雲が軽やかに、また重たげに、山の谷間から湧き起こり
青い峰が高く低く連なり、自ずから空に入ってとけ込んでいる
南に北に降る雨は、激しく降りそそぐかと思えば、風に吹き飛ばされ
東に西に吹く風は、ひるがえって吹くかと思えば、扇であおいだように吹く

対句を作るための技巧がやや目につくが、ここでも瞬時瞬時に移り変わる山の気象をダイナミックに捉えようとしている。

『性霊集』第一巻の「山中に何の楽しみか有る」は、高野山に居住する空海に宛てて届いた良岑安世の手紙に対する返事に添えた詩である。その中で山中の暮らしを髣髴させる箇所を抜き書きしてみよう。

澗水一坏朝支命　　澗水一坏《かんすいいっぱい》　朝《あした》に命を支え
山霞一咽夕谷神　　山霞一咽《さんかいちいん》　夕《ゆうべ》に神《しん》を谷《やしな》う
懸蘿細草堪覆体　　懸蘿細草《けんらさいそう》　体を覆《おお》うに堪《た》え
荊葉杉皮是我茵　　荊葉杉皮《けいようさんぴ》　是れ我が茵《しとね》なり
有意天公紺幕垂　　意有る天公《てんこう》　紺幕《こんまく》を垂らし

龍王篤信白帳陳
山鳥時来歌一奏
山猿軽跳伎絶倫
春花秋菊笑向我
暁月朝風洗情塵

龍王篤信《りゅうおうとくしん》にして　白帳《はくちょう》を陳《つら》ぬ
山鳥《さんちょう》時に来たって　歌一たび奏し
山猿《さんえん》軽く跳んで　伎《ぎ》　絶倫たり
春花秋菊　笑って我に向かい
暁月朝風　情塵《じょうじん》を洗う

——朝の一杯の谷水は命を支え
夕べに吸いこむ山の霞は心を養う
垂れかかるかづらや細い草は私の体を覆う衣
いばらの葉や杉の皮は私の寝床
心ある天が紺色の空の幕を垂らしてくれ
信心深い龍王が白い雲の帳《とばり》を垂らす
山鳥が時にやって来て歌を歌い
山猿が身軽に跳んで優れたわざを見せる
春には春の花、秋には菊が私に向かって笑いかけ
暁の月と朝の風が心の汚れを洗ってくれる

高野山の山並み

なぜ山中に住まうのか、何の楽しみが山中にあるのか、という問いに対して、空海は以上のように答えている。空海は、不自由な山暮らしの中で、自然の何もかもが自分を生かし楽しませるためにあるという思いに満たされていることを静かに詠っている。ここには、大日如来《だいにちにょらい》を体現する空海自身が宇宙の中央に存在する、という真言密教の曼荼《まんだ》羅《ら》的世界観がうかがえるという指摘がある（川口久雄『平安朝の漢文学』）。それを体得するための深山での修行であるというのが、良岑安世の問いに対する空海の答えであった。激しく移り変わる山の気象や厳しい自然も、山が次々と新しい顔を見せてくれる、あるいは自分を鍛えてくれると、空海は喜びをもって迎え入れていたのであろう。

『経国集』には、例えば、嵯峨天皇の七言「山の夜」、同「山居して筆を騁《はし》らす」（第十三巻）など、山居をテーマにした詩がある。これらは、旅先での経験や、離宮などでの擬似体験、詩文からの想像によるものであろう。また、同巻には巨勢識人《こせのしきひと》の雑言「九日林亭《りんてい》に賦《ふ》して『山亭明月秋《さんていめいげつのあき》』を得たり、太上天皇の製に応ず、一首」がある。これは、詩席にて「九月九日、林の中の小亭で」という大題が与えられ、個人に出された小題「山亭明月の秋」によって作った詩、太上天皇（嵯峨天皇）の命に応じた一首、という意である。これも、実際に山に入るのではなく、詩文に描かれた山水や山居する隠者からの想像で書かれたのである。

宮廷詩人にとって、山の自然や山の生活を詠うことは魅力あるテーマであった。しかし、実際に山に住むことはできない。彼らにとって、空海が提供する山居詩は、新鮮な驚きをもって迎えられたことであろう。さらに、空海が描く自然が厳しいほど、山の生活が苦しいほど、それを支える空海の信仰心に大きな敬意を抱いたことであろう。

# 7 空海の作った辞書——『篆隷万象名義』

空海はことばと文字を学問の基礎として重視した。その姿勢を具体的に示しているのが、日本で最も古い漢字辞書の作成である。漢字を漢字で説明しているから、漢和辞典ではない。その成立には、中国の文字学や唐代の文字事情が影響を与えている。また、この辞書からは空海の興味の傾向などがうかがえるのである。

**雑体書と異体字**

空海が中国から持ち帰った書物の中に『古今篆隷文体《ここんてんれいぶんたい》』があったことは、すでに述べた。このことから、六朝時代に流行していた雑体書の実態を示すこの書が、空海が唐に滞在したころまでは存在していたこと、そして雑体がまだ流行していたことがわかる。

一方、六朝時代には異体字《いたい》もたくさん生まれていた。同じ楷書でも、一つの字に数通りの書き方があったのである。字の発音（音）と意味（字義）がまったく同じであるのに、字形が違うもののうち、通常よく使う方を正体字《せいたい》といい、あまり使わない方を異体字という。

唐の初期にもその状況は続いていて、そのころの写本には今とは違う字が多く使われている。しかし、科挙（官僚の採用試験）の実施にあたって混乱を招くことがないように、唐の中期ごろから楷書の異体字を整理して、正体字と区別していこうという傾向が強くなっていった。このような学問を「正字《せいじ》（字を正す）の学」という。

その代表的な成果であるのが顔元孫《がんげんそん》の『干禄字書《かんろくじしょ》』で、約八百字について異体字をあげて、それを正・通・俗の三通りに分類したものである（干禄とは禄を干《もと》めるという『論語』に基づく言葉。この書名は「官僚になるための字書」という意味である）。その後、経書の主要な文字について考証した書『五経文字《ごけいもじ》』『九経字様《きゅうけいじよう》』が書かれた。

そうした「正字の学」が起こってくるにつれて、注目されたのが『説文解字《せつもんかいじ》』である。この書は、後漢の許慎《きょしん》が紀元一〇〇年ごろに書いた、中国最古の文字学の書である。『説文解字』は漢字を部首で分けて並べ、それぞれの字の成り立ちを説明し、本来の意味を書いたもので、唐の時代に、正式な字はどれであるかを考証するときに、大いに根拠になったのであった。

## 『篆隷万象名義』と『説文解字』

空海の『文鏡秘府論』の序には、仏教でも儒教でも、民を教化して導く一番の根底には文字があり、文章があるのだと説かれている。その考えに基づき、学生に文字を教育するために書いたのが『篆隷万象 名義《てんれいばんしょうみょうぎ》』、詩文の教育のために書いたのが『文鏡秘府論』であるといわれている。

『篆隷万象名義』の現存する本は京都の高山寺《こうざんじ》に所蔵されている手写本一種のみである。この書は五百四十一の部首を立てて文字を配列し、それぞれの字の下に発音表記である反切《はんせつ》と字の意味が書かれている。また、一部の文字の上には、その字の篆書体が書かれている。高山寺本では、篆書は全篇の冒頭部分に集中して見られ、その後は途中に散見することから、本来は全篇に篆書が書かれていたと思われる。篆書を上に書いて、その下に隷書で親字（見出し字）を書き、あらゆる物の名（文字）の義（意味）を表した書物というのが、『篆隷万象名義』というタイトルの意味である。

この体裁は『説文解字』に借りている。空海が唐に渡ったのは、ちょうど『五経文字』（七七六年）と『九経字様』（八三三年）の書かれた中間の時代、「正字の学」が起こり『説文解字』が脚光を浴びていたころであった。現存する唐鈔本《しょうほん》『説文解字』（大阪・杏雨書屋《きょううしょおく》所蔵）は、唐代の『説文解字』の姿を知る大変貴重な資料である。この書では篆書部分は雑体書の一種である懸針篆《けんしんてん》（縦の直線の終筆を針のように尖鋭にする書体）で書かれている。

文字に強い関心を持っていた空海が、唐で『説文解字』を目にするのは当然の成り行きであっただろう。そして、空海の見た『説文解字』の篆書は、当時流行の懸針篆であっただろう。『篆隷万象名義』の篆書は、筆写した人物の上手とはいえない模写ではあるが、明らかに懸針篆の特徴がうかがえるものである。

空海が唐に渡る少し前、八世紀後半には、李陽冰《りようひょう》が篆書を改革し、秦の始皇帝時代の篆書に基づいた玉箸篆《ぎょくちょてん》という書体を作っている。「顔氏家廟碑《がんしかびょうひ》」をはじめとする顔真卿の碑の篆額（碑の頭部に篆書で題字を刻したもの）は、すべて李陽冰が玉箸篆で書いたものである。また、李陽冰は『説文解字』を刊定したが（『宣和書譜《せんなしょふ》』巻二）、その際はおそらく篆書部分を玉箸篆に改めたことであろう。しかし、空海はそれを見ていない。唐で通行していた懸針篆の『説文解字』を見て、それに基づいて『篆隷万象名義』の体裁を作ったのであった。

『説文解字』には注目した空海であったが、「正字の学」そのものには影響を受けていないようである。というのは、空海の著述には異体字が大変多いからである。

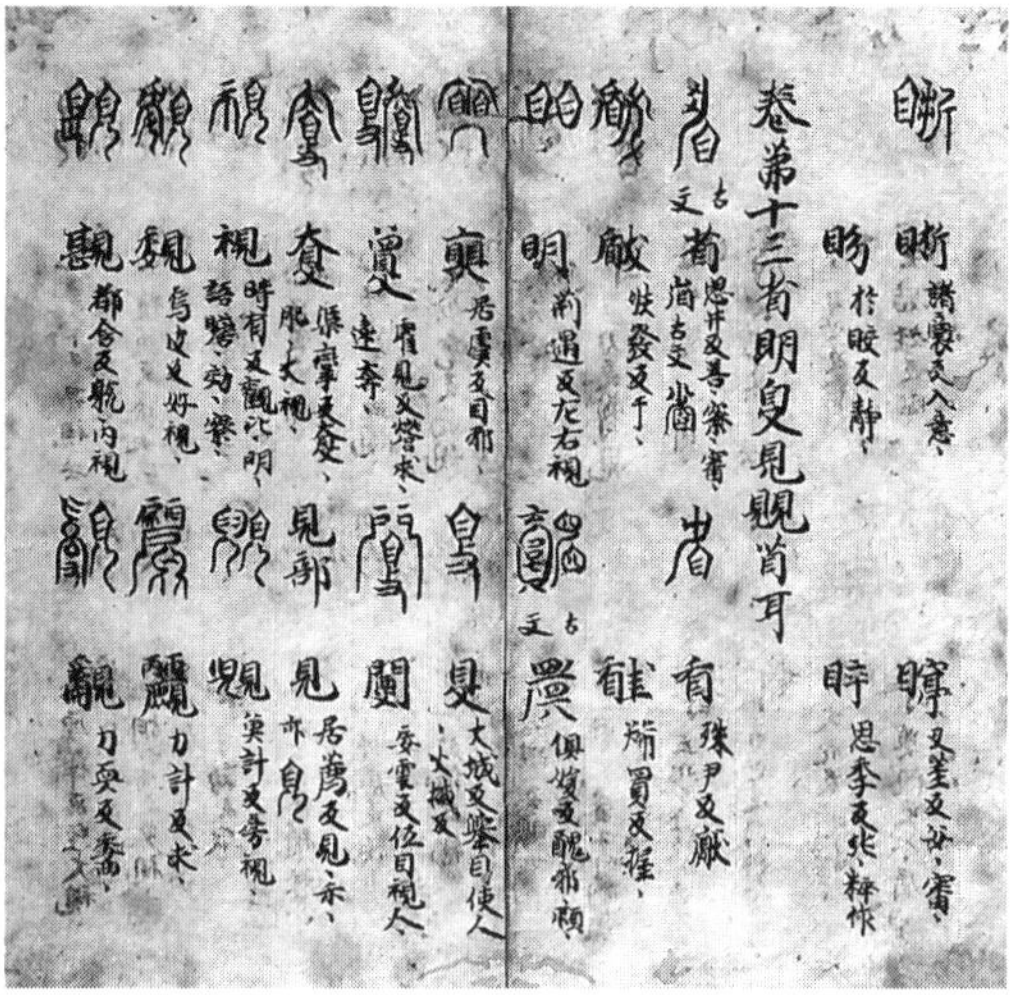

『篆隷万象名義』（高山寺蔵）

## 『篆隷万象名義』と『玉篇』

さて、『篆隷万象名義』の内容は『玉篇《ぎょくへん》』を下敷きにしている。『玉篇』は南朝梁の顧野王《こやおう》の書いた書物で、『説文解字』の部首にならって（配列は異なる）部首別に文字を並べ、反切（発音表記）を示したあとに、古典における用例を挙げてある。つまり、辞書の文字の解説に当たるところが、用例の提示となっているわけで、中国伝統の百科辞典である「類書」によく似ている。「類書」では語句が項目別の配列になっているが、『玉篇』では漢字が部首別に配列されているのであって、辞書と類書をつき合わせたような体裁になっている。

この書は後に散逸した。現在、同名の書物があるが、これは宋代に作り直されたもので、原本の面影はない（宋本『玉篇』と呼ぶ）。ところが、日本に一部の写本が残っていて、これを『古鈔本玉篇』あるいは『玉篇残巻』と呼ぶ。全三十巻の『玉篇』のうち、現存するのは次の通りである。

第八巻残（「心部」五字のみ）
第九巻（始めの一部を欠く。「言部」から「幸部」まで）
第十八巻の後半（「放部」から「方部」まで）
第十九巻（「水部」。一部を欠く。）
第二十二巻（「山部」から「厽部」まで）
第二十七巻（「糸部」から「索部」まで）

以上、部首数は六十、親字（見出し字）の数は二〇六六字である。

清の光緒《こうちょ》六年（一八八〇）、すなわち明治十三年に日本を訪れた楊守敬《ようしゅけい》は、中国で散佚した顧野王の『玉篇』の残巻を発見し、同時に『篆隷万象名義』をも知り得て、これを初めて中国に紹介した。その際、「其の分部隷字は此《こ》の残本を以てこれを校すれば、一一吻合《ふんごう》し、則ち其の全書を知る。皆な顧氏原本に拠り、絶えて増損凌乱《ぞうそんりょうらん》する無し（『篆隷万象名義』の部首分けと隷書は、『玉篇』残本と照合すると一つ一つがぴったり合い、『玉篇』の全貌を推測できる。『篆隷万象名義』はすべてを顧野王

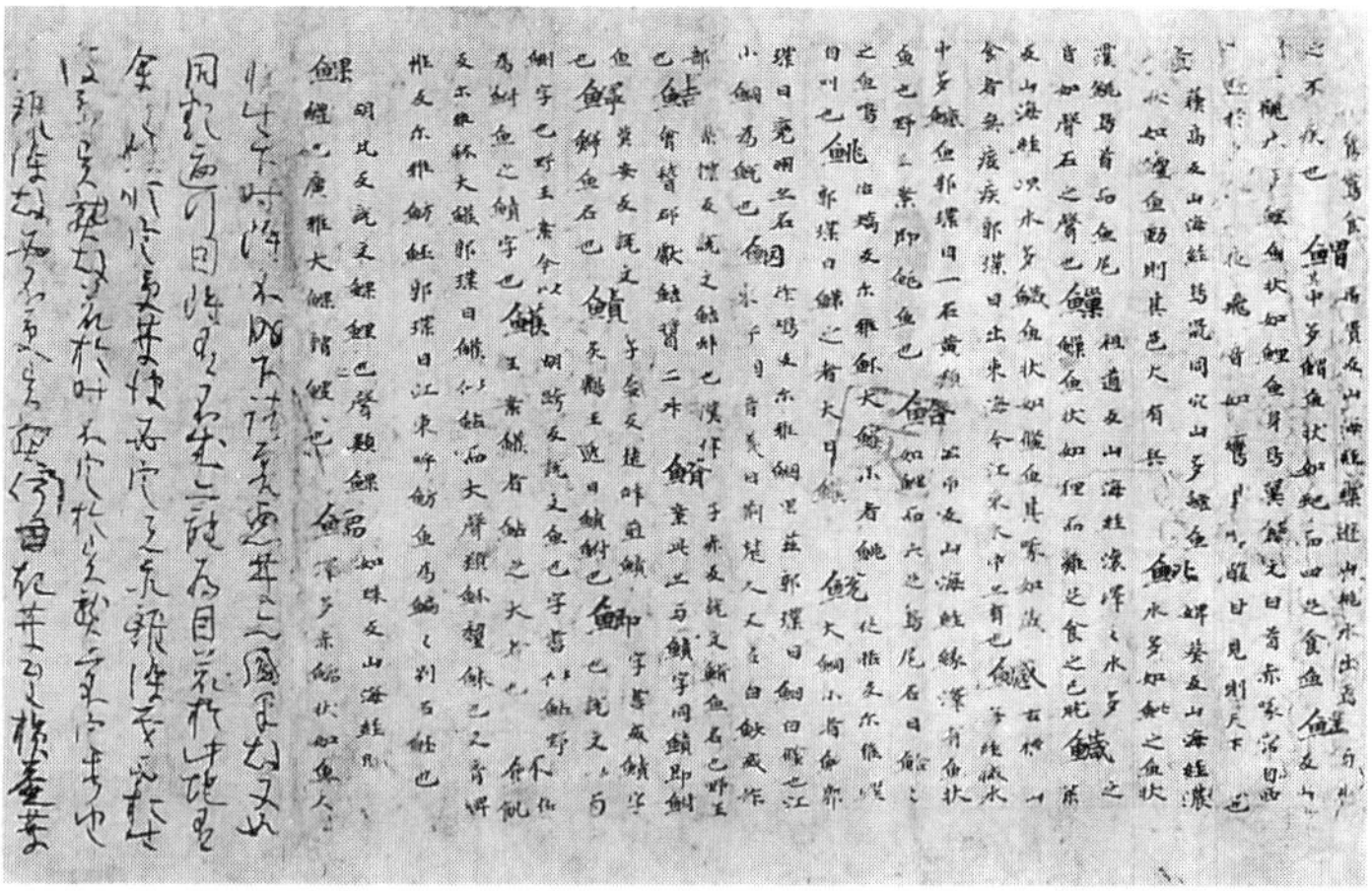

『玉篇残巻』(大福光寺蔵)

の原本に依拠していて、増減したり順序を乱したりしているところは全くない)」と述べている(『日本訪書《ほうしょ》志《し》』)。つまり、『篆隷万象名義』を、原本『玉篇』の原型を知る貴重な資料として位置づけている。

果たして、「一一吻合」しているかどうか、『玉篇残巻』と『篆隷万象名義』とを照合してみよう。確かに文字の配列順は同じであり、反切もほとんど同一である。反切とは、ある漢字の発音を他の二文字で表す発音表記方法で、二文字の上の字の子音と、下の字の韻(字音のうち、初めの子音を除いた残りの音)を組み合わせるのである。魏晋ごろから始まったから、後漢の『説文解字』ではまだ見られない。たとえば、「餓」の反切は『玉篇残巻』では「五賀反(ゴ・ガのはん)」とする。同じ「餓」の字を、『篆隷万象名義』では「魚賀反(ギョ・ガのはん)」とするが、これは両者で反切が異なる例である。また『篆隷万象名義』では反切が抜けていたりすることもあるが、ほとんどは『玉篇残巻』と同じ反切である。

文字の説明（字義）も、一見するかぎり、『玉篇』からの抜き書きであるといえよう。一例をあげてみよう。

『玉篇残巻』

饒　如焼反。左氏伝沃饒而近鹽。野王案、広雅饒多也。謂豊厚也。礼記不饒富、是也。説文饒飽也。広雅饒益也。声類饒余也。

——饒《じょう》　如焼《じょしょう》の反《はん》。『春秋左氏伝』成公六年に「沃饒《よくじょう》にして鹽《こ》（塩）に近し」とある。私（顧野王）が考えるに、『広雅《こうが》』（魏の字書）には「饒は多（多い）」とあるが、豊かでたっぷりあることをいう。『礼記《らいき》』曲礼下《きょくらい》に「富を饒《おお》しとせず」とある。この「饒」がこれである。『説文解字』では「饒は飽（飽《あ》き足りる）」、『広雅』では「饒は益（増す）」、『声類《せいるい》』（魏の字書）では「饒は余（余る）」の意とある。

『篆隷万象名義』

饒　如焼反。多、飽、盈、余。

——饒　如焼の反。多い、飽き足りる、盈《み》ちる、余るの意。

両書の記述を比べると、『篆隷万象名義』は、『玉篇』が並べる諸書の用例や同義の字を抜き書きしていることがわかる。『篆隷万象名義』の字義の中の「盈」は、おそらく「益」の誤写であろう。今、「ほとんど」「一見する限り」と書いた。楊守敬や内藤湖南《ないとうこなん》が、『篆隷万象名義』を原本『玉篇』を知るてがかりとしてのみ位置づけるのに対し、全てが同じではなく作者空海の独創部分があるとする立場からの論考も多く出ている（『定本弘法大師全集』第九巻解説）。筆者も後者の立場に立つ（「『篆隷萬象名義』の字義について」）。

ところで、用例から字義を抜き出すという手法は、実は注目すべきことである。現在の辞書はどのようにして作るか。それは用例を集め、意味を用例の中から抽出していくのである。あることばがあって、それが別の意味で使われ出した用例を見つけて、新しく意味を追加していくのである。『説文解字』では文字の成り立ちから字義を説明していた。『篆隷万象名義』は後世の辞書と同じように、用例の中から意味を抽出するという方法を採っている。その用例を得るのに『玉篇』を用いたのである。

### 『篆隷万象名義』の字義

『篆隷万象名義』の字義を、その記述方法によって分類すると次のようになる。

①反切のみで字義のないもの。

〈例〉伍　誤魯反。——誤魯《ごろ》の反。

②字義を一字で表すもの。一種のみのものから、多種にわたるものまである。

〈例〉睹　東魯反。見。——東魯《とうろ》の反、見るの意。

〈例〉作　子各反。用、起、行、始、善、為、使、佐。——子各《しかく》の反。用いる、起こす、行う、始める、善くする、為す、使う、佐《たす》ける の意。

③語句によるもの。熟語から比較的長い文章まで。

〈例〉影　於景反。随形。——於景《よけい》の反。形に随うもの。

〈例〉幻　□□反。相詐惑、乱人目。——□□の反〔文字不明〕。見る人を惑わし、その目を乱すもの。

④右の②③の組み合わせによるもの。

〈例〉戸　胡古反。止、護、一家為一戸、一扉曰戸、両扉曰門。

――胡古《ここ》の反。止める。護《まも》る。家一軒を一戸とする。一枚の扉を戸といい、二枚の扉を門という。

『篆隷万象名義』には以上のパターンが混在していて、一定の記述方法をとっていない。これは、この書が辞書としては未整理で未完成であることを物語る。

また、部首によって、いずれかのパターンにかたよることもある。「邑部」いわゆる「おおざと」に属する字の場合、ほとんどが地名を表すのであるが、これらには反切しか記されていない。中国の地名は日本の辞書では不要と考えたのであろうか。「山部」でも「山の名」とあるだけで、所在地は書いていない。これも同じ理由で不要とみなしたのであろう。

## 博物学への関心

『篆隷万象名義』の「鳥部」「隹部」「魚部」には、反切のみで字義のないものが多いが、反面、字義のあるものは説明調のわかりやすいものとなっている。特に異形の鳥や魚については、詳しい説明文があることが多い。

・鶬　如烏三首六尾。

――カラスに似て首が三つ、尾が六本ある鳥。

・䳄　如烏三目有耳。

――――カラスに似て目が三つで耳がある鳥。

・鵞　鳥人面。

――――カラスに似て人の顔をした鳥。〔『山海経』では「如烏人面」とある〕

・鮯　如鯉六足鳥尾。

――――鯉に似て六本足と鳥の尾を持つ魚。

・鱬　如魚人面。

――――魚に似て人面のもの。

『山海経《せんがいきょう》』という中国古代の地理書がある。空想に基づいて書かれていて、特に中国周辺部の記述には奇怪なものが多い。ここにあげた異形の鳥や魚は、すべて『山海経』に登場する。宋本『玉篇』でも、これらの字を『山海経』に沿って説明していることから見て、原本『玉篇』でもおそらく同書を引用していたと思われる。『玉篇残巻』における『山海経』からの引用は二十四ヶ所で決して多くはないが（拙論「『玉篇』と類書」）、これは残存字の種類によるのであろう。

『玉篇』には博物誌的性格がある。動物・植物・鉱物・地理などさまざまな知識を学ぶことを博物学といい、それらについて記した書物を博物誌という。『篆隷万象名義』は『玉篇』のそうした性格を引き継いでいる。しかし、『玉篇』に依拠したものでないと思われる箇所にも、空海の博物学好みは見られる。

「木部」の字義はおおむね簡略で、単に「木名（木の名）」とだけあるものが多いのに対し、「艸部」、つまり草の名前には、全体として具体的で丁寧な字義があるものが多い。

・菮　生田似龍鬚、細根如指頭黒、可食。

——田に生えて龍のヒゲに似ている。細い根は指のようで黒く、食べることができる。

・蘋　似莎而大、生湖辺可食鳥。

——莎《はますげ》に似ているが大きい。湖のほとりに生え、鳥の餌になる。

右の二字は『山海経』にも記載されているが、記述が異なる。

・珊　出海中、色白後漸赤、玉。

——海中に産出し、色は白く次第に赤くなる。玉である。

珊瑚《さんご》が白から赤に変色することは『郭氏玄中記《かくしげんちゅうき》』（晋の郭璞《かくはく》撰か）に見られる。

・僥　僬僥国人、長一尺五寸。

――僬僥《しょうじょう》国の人、身長一尺五寸。

『山海経』などの書にも「焦僥《しょうじょう》」は出ており、「小人（背丈が低い人）」としている。ここの「一尺五寸」という数字は何を根拠にしているのだろうか。

・疫　黄金四目、玄衣朱裳、執戈揚盾殴疫、驚欺疫癘鬼。

――黄金の四つ目で黒い衣に赤い裳《はかま》を着て、戈《ほこ》を持ち盾を揚げ殴打して、疫病神を驚かす。

ここでは「疫《えき》（流行病、あるいは疫病神）」そのものの説明はなく、『周礼《しゅらい》』夏官《かかん》の方相氏《ほうそうし》が厄払いをするさまを引用している。

・竈　炊、小神居人間、察小過詐、譴告。

――炊くもの。小さな神が住みついていて、人の小さな過ちを察して天に告げ口をする。

竈《かまど》を祀ることは古くから行われているが、竈の神が天に人の罪を告げに行くとするのは、晋の葛《かっ》洪《こう》の『抱朴子《ほうぼくし》』以後である。『篆隷万象名義』は諸文献の記述をまとめて書いたものであろうが、

「小神」という表現は他書には見られない。

以上はほんの一例であるが、依拠する書物が『玉篇』以外にある可能性も考えられる。あるいは実際の見聞の反映もあるかもしれない。いずれにしても、空海の関心の向きがうかがえるように思う。

### 「ことば足らず」の字義

また、『篆隷万象名義』には、著者にとって「わかっていること」は書かないという特徴がある。そのため、普通に見ていくと「ことば足らず」の印象を受ける。例をあげてみよう。

・河　出崑崙。

　――崑崙《こんろん》に出ず。

河は黄河に決まっているから、川の名前であるとは書かないで「崑崙に出ず（崑崙山から出ている）」とだけ書いてある。このような例は他にも多く見られる。

・肝　木精、色青。

――木の精。色は青。

・肺　金精、色白。

――金の精、色は白。

いずれも臓器であるとは書いていない。肝臓が木の精で色が青、肺臓が金の精で色が白というのは五行説に基づいている。

・園　有樹。

――樹有り。

これでは園の説明としては「ことば足らず」であるが、動物園である「囿《ゆう》」と区別するのが目的であるといえよう。

・鵬　鯤化為鵬。

――鯤《こん》化して鵬《ほう》と為る。

これは『荘子』逍遥遊《しょうようゆう》篇にある有名な説話に基づいている。

「北冥有魚、其名為鯤。鯤之大、不知其幾千里也。化而為鳥、其名為鵬、鵬之背、不知其幾千里也（北冥《ほくめい》に魚有り、其の名を鯤と為す。鯤の大きさ、其の幾千里なるかを知らず。化して鳥と為る。其の名を鵬と為す。鵬の背、其の幾千里なるかを知らず）」

北の海にいる大きな魚の名を鯤といい、それが変身して鵬という大きな鳥になるというのである。ところが、この鯤とは本来は魚の卵を指す言葉で、『篆隷万象名義』でも「鯤」の字義は「魚子（魚の子）」となっている。ごく小さな魚の卵を巨大な魚の名前に用いるのが、万物斉同《ばんぶつせいどう》（すべてのものはみな等しく同じ）を説く荘子らしいところである。

さて、ここで、鵬を説明するときに大鳥と書かないで、「鯤化為鵬（鯤化して鵬と為る）」とするところに『篆隷万象名義』の性格が見える。鯤が魚の卵ではなく大魚を指すことを知る者、『荘子』のあの説話を知る者にしか理解できない。つまり、少なくとも万人向けの実用的な辞書を目指したものではないといえるのである。

もう一つ例を挙げてみよう。

・史　文多質少。

——文多く質少なし。

史というのは、『説文解字』では「記事者也（事を記す者なり）」とあるように、朝廷の文書係のことである。ところが『篆隷万象名義』ではその説明はない。「文多く質少なし」は、『論語』雍也《ようや》篇の次のことばに基づいている。

「子曰、質勝文則野。文勝質則史。文質彬彬、然後君子（子曰く、質 文に勝《まさ》れば、則《すなわ》ち野《や》。文質に勝れば則ち史。文質彬彬《ひんぴん》、然《しか》る後《のち》に君子《くんし》たり）」

「文」と「質」というのは中国思想に登場する対立概念で、たとえば山から切り出した木を朴《あらき》というが、これは木の実質そのものであって、これを質という。その朴を削って模様を入れる。模様を文《ぶん》といい、このような装飾を加えることを文化《ぶんか》という。つまり文化というのは原始的な状態に装飾を加えることなのである。

『論語』のこの文章は、質朴さが装飾より強ければ野蛮人であるし、装飾が質朴より強ければ文書係である、装飾と質朴がうまくとけあってこそ君子といえる、という意味である。それをふまえて、史すなわち朝廷の文書係は、典拠（古典の字句）に通じて文章の外面的な装飾に務めるものであるから、文（装飾）が多く質（質朴さ）が少ないということになる。しかし、これは『論語』を熟知していなければ到底わかるものではない。

**『篆隷万象名義』は備忘録**

本来、辞書というものは読み書きするための実用的な役割をもつものである。しかし、『篆隷万象名義』はそうした役割を果たしうるとは思えない。随所にみられる「ことば足らずな字義」や「字の説明になっていない字義」は、その文字の一般的概念を伝えないから、これから学問をしようとする者、初学者に文字の意味を教えるためには役立たない。このことは、この書が漢字辞書として完成されたものではないことを物語る。将来の辞書作成に向けて、その準備として、自分のために自分でわかることばで書いた備忘録であったのだろう。

自分のために書いたものであるから、当然自己の関心の強弱が現れる。多くの引用例から字義を取り出すとき、実際の使用頻度から見て、重要と思えないものを意識して拾っている点にも、備忘録としての性格が現れているといえよう。とりわけ草花や異形の動物に対して深い関心を示していて、典拠によらず、実際に見聞きしたことを書き留めたところもあったと思われる。

多くの字義をならべる一方で、字義としては不十分な記述が見られる。その不統一がこの書の性格である。ここから、著者空海の関心の傾向や学識を知ることができるといえよう。

## 高山寺本の構成

『篆隷万象名義』のただ一つの古鈔本である高山寺本は、巻末に永久二年（一一一四）に写し終えたと書かれてある。全六帖で、各帖の本文部分の紙数は、第一帖が百葉、第二帖が九十二葉、第三帖が八十九葉、第四帖が八十四葉、第五帖が一五一葉、第六帖が一八八葉、全部で七〇四葉である。第五帖と第六帖の葉数が多いので、これをそれぞれ二分して、全八帖とする写本もあったようである（『定本弘法大師全集』第九巻解説）。

巻首には、「東大寺沙門大僧都《だいそうず》空海撰」とある。空海が大僧都に任ぜられたのは天長四年（八二七）とされているから、入定《にゅうじょう》（逝去）の承和二年（八三五）までの晩年の時期に作られたと思われる。

本文に先立つ総目では、全体を三十巻に分けるが、実際の本文は第四帖までが五十巻に分けられ、その一方で第四帖末尾には「巻第十五之上」とある。第五帖には巻首に「巻第十五之下」と記し、第四帖の収め残した「禾部」の残りを列挙したあと、巻二十一までを収め、第六帖には巻二十二から巻三十の「亥部」までを収めている。要するに、第一帖から第四帖までは『玉篇』の三十巻の編成を細分し、全体で百巻になるよう構想されていたのに、第五帖・第六帖では『玉篇』の巻立てどおりの三十巻編成になっているのである。

なぜ、前半と後半で編成が変わったのか、その理由はわからない。しかし、前半が空海の著作であって、後半が後人の作、あるいは少なくとも補作であるとするのが、一般的な見方のようである。そうすると、前半部分の依拠した『玉篇』と、後半部分が依拠した『玉篇』のテキストが異なることも考えられる。現状では、まだ明確な答えは出ていないが、ここでは全文を空海の作として論じてきたことをお断りしておく。

さて、内藤湖南（本名虎次郎）は、明治四十五年（一九一二）の講演「弘法大師の文芸」で、『篆隷万象名義』を『玉篇』の原本に欠けている部分を補うことができる「非常に大切な本」「重大な貴重な本」と述べ、自らこの本を写して持っていることを明かしている。湖南は、当時出版されていた『弘法大師全集』(明治四十二年祖風宣揚会編)では、体裁を見せるために写真石版を三十四枚だけ載せてあることに対し、「満腔の不満足」を述べている。湖南の口吻を伝えるため、原文を引用してみよう(現代仮名づかいに改めた)。

弘法大師全集を出版される程の熱心があり、弘法大師の文芸上の功績を伝えるだけの御熱心があることでありますならば、高山寺本の原本に就いて、もう一度出版を企てられんことを希望するのであります。是は日本の文学の研究とかいうような、小さな問題ではなくして、東洋の文明に就いて、或る時代、何百年と云う間の代表になって居る字引を立派に保存してあるのでありますから、是はもう一遍出版せられるとしても、非常に重大な必要のあることで、そう云うことが出来ましたならば、嘸《さ》ぞ大師も地下で瞑目せられることであろうと思います。

その後の全集では、写真版で全体を掲載しているが、さらに一歩進めて活字化されれば、『玉篇』の原型を知るというだけでなく、空海の作った日本で最古の辞書としての研究がさらに進むものと思われる。高山寺本は、誤字や誤写が多く、読点や行替えにも誤りが多いため、読みとることがたいへんむずかしい。困難を克服して活字化されることを切望する。

# 8

# 詩文創作の手引き書——『文鏡秘府論』

空海の業績のうち、現在の中国で最も知られているのは『文鏡秘府論《ぶんきょうひふろん》』であろう。中国で失われた詩論や文章論を多く引用していて、中国文学史の欠落部分を埋める貴重な資料になっているからである。この書には、空海の自撰部分は多くない。しかし、数多くの詩文論を読みこなし、適切に引用して、この書を編集しえたことは、やはり驚嘆すべきことである。この書には、当時の日本人には未知の知識が満載されていた。自ら序で述べている目的通り、みごとな詩文創作の手引き書になっている。

### 『文鏡秘府論』序

『文鏡秘府論』は、弘仁十年（八一九）ごろの成立と見られている。この書を簡略にした『文筆《ぶんぴつ》眼心抄《がんしんしょう》』には弘仁十一年五月の日付けがあるので、その直前であろうと思われるからである。

空海はその序で「夫大仙利物、名教為基、君子済時、文章是本（夫《そ》れ大仙《だいせん》物を利《り》するに、名教《めいきょう》基《もと》を為し、君子《くんし》時を済《すく》うに、文章は是《こ》れ本《もと》なり）」、すなわち、大仙（仏）が衆生《しゅじょう》を導くには、ことばによる教えを根底とし、君子（儒教の有徳者）が時世を救済するには、文章が基本であると述べている。また、文字は人々を教化する根源であり、文章はこの社会の秩序の要であるとも言っている。

前章で述べたように、空海は中国から帰国後、『篆隷万象名義』という日本最古の漢字辞書を作ったが、これも文字を学ぶことがすべての学問の基本であるという、この考えの具現であった。文字を学び、次にそれを綴って詩や文章を作る。その詩文はいかに作るべきか、どういう詩文がいいのか。それについて中国の六朝時代や唐時代の文人が書いた論文を編集したのが『文鏡秘府論』である。

この書の序を続いて見ていこう。春秋時代、孔子から学問を伝えられた子游《しゆう》・子夏《しか》（この二人は孔子の高弟十人の中で文学に優れたとしてあげられている）。戦国時代の『楚辞』の作者である屈原《くつげん》・宋玉《そうぎょく》。司馬相如など漢代の賦の作者。曹操《そうそう》・曹丕《そうひ》・曹植《そうしょく》父子や建安七子《けんあんしちし》といった三国時代の詩文の巨匠たち。彼らは、文章の風格を心から心へ伝えていった。と、文学の歴史をたどり、六朝末期の沈約《しんやく》や隋の劉善経《りゅうぜんけい》、唐の王昌齢《おうしょうれい》・釈皎然《しゃくこうねん》・崔融《さいゆう》・元兢《げんきょう》などが詩における四声《しせい》の議論を盛んに行ったと続ける。

六朝末期から唐にかけて、「近体詩（唐詩）」と呼ばれる詩の形式が誕生し確立していった。当時の漢字音の声調には平声《ひょうしょう》・上声《じょうしょう》・去声《きょしょう》・入声《にっしょう》の四声があり、六朝末期になると詩を作る際の四声の並び方に注目しはじめたのである。聞いて美しい詩にするには、こういう四声の並べ方は悪いという例をあげていき、こうあるべきだと説く。それらに関する著書は数多く、あふれるほどだったので、貧乏な学生はあちこち筆写してまわることをあきらめなければならないほどであったと空海は述べている。

そして、次のように続ける。わたくし空海は幼年のころ、母方の舅《おじ》のもとでかなり文章の勉強をし、成人してからは唐の長安に留学して、文章論の一端に触れることができた。しかし、仏道修行に志す身であるから、文章を勉強することを潔しとしなかった。ところが、若者たちが私に文章や詩のことを問いただすので、中国で書かれた文章論の書物を読んでみた。それらを比較検討してみると、書物は多いが要点を得ず内容も繁雑である。そこで文章に手を加え、重複する部分を削除してみた、と。こうしてできたのが『文鏡秘府論』である。

序の最後に、出家と在家の文学愛好者たちや、山野に詩文の集いを持つ人士たちが、師を求め書物を捜しまわらなくても、立派な文章ができるように願うと述べられている。

**楊守敬と『文鏡秘府論』**

清末の学者楊守敬（一八三九〜一九一五）は、清国の駐日大使何如璋《かじょしょう》の招きで、明治十三年（一八八〇）に来日した。彼は、日本では書家として迎えられ、日本の書道界に大きな感化を与えた。同時に、四年間の滞在中、日本に伝わる中国の古典籍の収集に努めた。その成果は、解題集『日本訪書志』や善本の覆刻集『古逸叢書《こいつそうしょ》』（黎庶昌《れいしょしょう》編）などの公刊になってあらわれている。その中に『玉篇残巻』も含まれ、その解説中に空海の『篆隷万象名義』も登場していることは、前章で触れた。

『文鏡秘府論』も、『日本訪書志』によって初めて中国に紹介された。そこにはおおむね次のように書かれている。

『文鏡秘府論』六巻は金剛峰寺禅念《ぜんねん》沙門《しゃもん》遍照《へんじょう》金剛《こんごう》すなわち空海の撰著である。空海は唐に渡り、仏法を求めた。書や文に優れ、著に『性霊集』がある。現在日本で使われている仮名文字は空海の作ったものである。さて、この書は、詩文の声韻の病《へい》（文字のよくない並べ方）を示すために編集されたもので、沈隠侯《しんいんこう》（沈約）・劉善経・劉滔《りゅうとう》（不明）・僧皎然・元兢および王氏（王昌齢）・崔氏（崔融）の説を集めてある。現在、世に伝わるのは皎然の書だけで、ほかはすべて滅んでしまった。

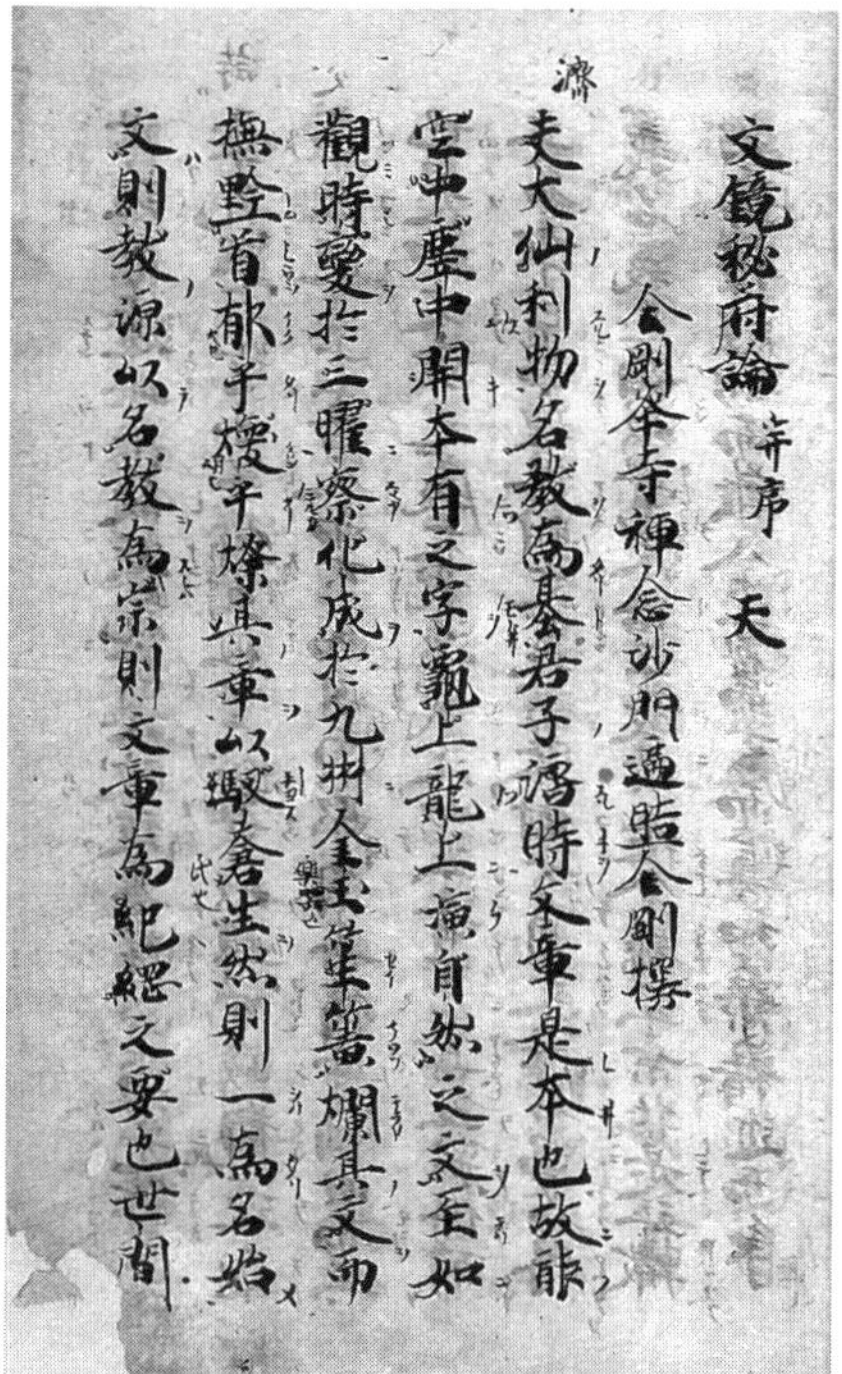

『文鏡秘府論』（三宝院蔵）

『宋書』に「平頭《へいとう》・上尾《じょうび》・蜂腰《ほうよう》・鶴膝《かくしつ》」の諸説があるが、近代ではすでに詳細は不明になった。この書に列挙された二十八種の病は、どれも詩を例証として引いて、明らかにしている。

楊守敬は、まず空海の人物紹介をしているが、仮名文字を作ったとしているのは、世の通説に従ったのであろう。

中国においては、六朝末から初唐にかけての声韻の病に関する諸論が、ほとんど失われてしまった。それらの論議の結果として、唐詩の韻律の法則（平仄《ひょうそく》）が成立したのであるが、その過程が不明になっていたのである。その不明部分を明らかにする『文鏡秘府論』の存在は、発見者の楊守敬のみならず、中国における古典文学研究者を驚かせた。楊守敬の紹介によって、『文鏡秘府論』は中国の古典文学研究者に広く知られることになり、現在でも、研究対象として関心を集め、優れた論考が書かれている。

**『文鏡秘府論』の構成と内容**

『文鏡秘府論』は天・地・東・南・西・北の六巻からなっている。各巻の内容は次の通りである。

天巻：「序」と声韻論。

「調四声譜（四声を調《ととの》うる譜）」四声の配列を論じたもの。

「調声（声を調う）」四声を論じたもの。

「詩章中用声法式（詩章中の用声の法式）」三言から七言の詩の中で、平声がどれだけ使用できるかを述べている。

「七種韻（七種の韻）」押韻方法についての論。

「四声論（四声の論）」四声の歴史を述べている。


地巻：詩の体勢論など。

「十七勢」主題、心情、景物などを展開する方法を十七種に分けて解説。

「十四例」上下の句の関係を十四に分けて例示。

「十体」詩の十種の風格をあげる。

「六義《りくぎ》」『詩経』における詩の理論「六義」を解説。

「八階」題材に沿った詩作の手引きを八種あげる。

「六志《りくし》」詩中に志を詠じる方法を六種あげる。

「九意」春夏秋冬山水雪雨風の九種の詩趣を表す四言の韻文をあげる。


東巻：対偶《たいぐう》（二つの語句が対《つい》になっていること）についての論。

「論対（対を論ず）」空海の手になる東巻の序文。

「二十九種対（二十九種の対）」二十九種の対を例をあげて詳説。

「筆札七種言句例（筆札《ひっさつ》七種の言句の例）」一言から十一言までの対偶の例をあげる。『筆札華《ひっさつか》梁《りょう》』を原典とし、『文筆式《ぶんぴつしき》』で補充したと思われる。

南巻：文学論。

「論文意（文意を論ず）」南巻全体の総題。以下、さまざまな文章論が収められている。

西巻：声韻の病についての論。

「論病（病を論ず）」空海の筆になる西巻の序。

「文二十八種病（文の二十八種の病）」平頭をはじめとする三十種の病について論じている。

「文筆十病得失（文筆の十病の得失）」平頭以下十種の病について。

北巻：対偶論、句頭語、帝徳讃美の語句集。

「論対属（対属を論ず）」対偶総論。出典は未詳である。

「句端《くたん》」句頭の慣用的な助字の分類と用法。

「帝徳録《ていとくろく》」帝王に関する故事、語彙など。詔勅や上書などを起草するときの必携書として編まれたもの。以下の各種の文例を掲げる。

「叙功業（功業を叙《じょ》す）」帝王の功業を述べる文例。

「叙礼楽法（礼楽《れいがく》を叙す法）」礼楽を述べる文例。

「叙政化恩徳（政化恩徳を叙す）」帝王の政治・恩徳を誉めたたえる文例。

「叙天下安平（天下の安平を叙す）」天下の平安であることを述べる文例。
「叙遠方帰向（遠方の帰向《きこう》するを叙す）」遠方の諸国が中国に帰服するのを述べる文例。
「叙瑞物感致（瑞物感致《ずいぶつかんち》を叙す）」祥瑞《しょうずい》が現れたことを述べる文例。

以上に見るように、『文鏡秘府論』の内容は、詩文の声韻、修辞、作例、語句集、文学論にわたっている。空海自身が序において特に触れた四声の議論、楊守敬が注目した詩韻の病についてが、天巻と西巻で展開されている。

## 『文鏡秘府論』の引用文

『文鏡秘府論』の大部分は、六朝時代から唐代にかけての中国人による著述からの引用である。空海は、当時日本にあった書物や在唐中に集めた書物から選りすぐった文章を、詩文創作の手引き書として構成したのである。

引用文の出典のうち、中国で散佚した書物は、梁の沈約の『四声譜《しせいふ》』、隋の劉善経の『四声指帰《しいき》』、初唐の上官儀《じょうかんぎ》の『筆札華梁』、初唐の杜正倫《とせいりん》の『文筆要決』、初唐の元兢の『詩髄脳《しずいのう》』『古今詩人秀句』、初唐の崔融の『唐朝新定詩体《しんていしたい》』、盛唐の王昌齢の『詩格《しかく》』、撰者不明の『文筆式』『帝徳録』である。『帝徳録』は奈良時代にはすでに日本に渡来していた。編者は未詳であるが、隋から初唐にかけて作られたものと思われる。また、現存するものとしては西晋の陸機《りくき》の「文賦《ぶんぷ》」、中唐の殷璠《いんぱん》の『河嶽英霊集《かがくえいれいしゅう》』の序文、中唐の皎然の『詩儀《しぎ》』が引用されている。『文鏡秘府論』に引く『河嶽英霊集』の序は、現存する同名書の序文より百数字多い。空海の伝える序文のほうが、もとのかたちをとどめているであろうと見られている（内藤湖南「弘法大師の文芸」）。同じく序が引用されている元兢の『古今詩人秀句』は、佳句を集めた詞華集である。空海が、嵯峨天皇から賜った屛風にさまざまな書体を駆使して、この書の詩句を書いたことは、第五章で述べた。

ところで、『文鏡秘府論』では、李白の詩句の引用が天巻の「七種韻」に見られるのみで、杜甫の名は見えない。李白（七〇一～七六二）も杜甫（七一二～七七〇）も、空海の入唐より先立つ盛唐の人であったが、文学論でも言及されていない。それはなぜだろうか。

中唐とは杜甫の亡くなった七七〇年から八三五年ごろをいうが、この時代は唐の、というより中国の歴史の転換期に当たる。七五五年に起こった安禄山の乱は鎮圧されるのに数年もかかり、その間に六朝以来の門閥貴族が崩壊していった。六朝文化を継承した唐の文化を支えていた階層が没落し、文化の担い手は新しい官僚層に移っていった。新しい担い手は新しい価値観のもと、芸術・文学・思想に新しい波を起こした。

韓愈（七六八～八二四）・柳宗元（七七三～八一九）は四六駢儷体を捨て去り、秦漢およびそれ以前の文体、すなわち古文の復興を提唱し、実践した。韓愈は、古文体で儒学の復興を唱える論文を書き、思想界の新しい波も巻き起こした。しかし、これらの波が世の中に受け入れられ定着するのは、次の宋代になってからである。後に文章の規範として高く評価された唐宋八家《とうそうはっか》に、唐代人としては韓愈・柳宗元の二人のみが入っていることが、それを物語っているといえよう。

李白も杜甫も、唐代において詩人として知られていた。しかし、六朝以来の詩風を残していた李白はともかく、杜甫の詩が今ほどの名声を得るのは、まだまだ後のことであった。『文鏡秘府論』に序文を引かれている中唐の殷璠の編んだ詞華集『河嶽英霊集』に、杜甫の詩は一首も採択されていない（林田慎之助『定本弘法大師全集』第六巻解説）。

平易な詩を書くことで変革の一方の旗手となった白居易（七七二〜八四六）は、在世中にその詩が大流行した。そのことを白居易自らが書き残しているのは、それが大変珍しいことであったということだろう。この白居易の活躍は、空海在唐時期よりやや遅れる。

空海の著作に、同時代の韓愈・柳宗元・白居易が登場しないのは当然であるといえるし、杜甫を空海が知らないとしても不思議ではないのである。空海は、中国における文学の新しい流れを知ることはなかったといえよう。

空海が『文鏡秘府論』で伝えたことは、中国にあってはすでに旧聞に属する知識、あるいは旧来の文学観に基づく議論であったが、日本においては新知識であった。日本になかった知識であったからこそ、空海は中国から持ち帰ったのであった。それが、時代を超えて、中国の文学史の欠如部分を埋めることになったのである。

**四声の病**

『南史《なんし》』巻四十八陸慧暁《りくけいぎょう》伝に次の一文がある。

時に盛んに文章を為《つく》る。呉興《ごこう》の沈約・陳郡《ちんぐん》の謝朓《しゃちょう》・琅邪《ろうや》の王融《おうゆう》 気類《きるい》を以て相推轂《すいこく》し、汝南《じょなん》の周顒《しゅうぎょう》 善《よ》く声韻を識《し》る。約等 文には皆な宮《きゅう》商《しょう》を用い、平上去入の四声を将《もっ》てす。此を以て韻を制し、平頭・上尾・蜂腰・鶴膝有り。

——当時盛んに詩が作られた。呉興の沈約・陳郡の謝朓・琅邪の王融はよく気が合って、互いに詩を誉めあった。汝南の周顒は声韻にくわしかった。沈約たちは、どの詩も宮・商の音階（中国の音階は宮・商・角《かく》・徴《ち》・羽《う》の五段階）に乗せ、平・上・去・入の四声を用いて読んだ。そこで、韻の配置に制約を設けて、声韻の病を平頭・上尾・蜂腰・鶴膝と呼んだ。

そして、「沈約の宋書謝霊運《しゃれいうん》伝の後に又た其の事を論ず（沈約の『宋書』の謝霊運伝の後にこのことが論ぜられている)」とある。

その『宋書』巻六十七謝霊運伝の後には、「史臣曰《ししんいわ》く」として沈約の長い論賛《ろんさん》(歴史記述の後に作者が書く評論)がある。ここでは、詩の美しさを音楽的に捉えようとしていることが注目される。そして、長い詩の歴史の中で、文体は次第に整ってきたが、音韻には気を配っていない、優れた詩句は音韻も自然に完成しているものである、と述べる。しかし、四声や声韻の病については言及していない。楊守敬が『日本訪書志』で、『宋書』に平頭・上尾・蜂腰・鶴膝の諸説がある、といっているのは、『南史』の誤りであろう。

さて、平頭・上尾・蜂腰・鶴膝とは、どのようなものであろうか。『文鏡秘府論』西巻の「文二十八種病」では、これらの病について詳しく述べている。

平頭　五言詩の第一字と第六字、第二字と第七字が同声(平・上・去・入の四声が同じ)のもの。つまり第一聯の上句と下句の第一字どうし、第二字どうしが同声のものである。また、上句の頭二字と下句の頭二字が同声のものもいう。

上尾　五言詩の第五字と第十字が同声のもの。つまり第一聯の上下の句末が同声のものをいう。

蜂腰　五言詩の一句の中で、第二字と第五字が同声のもの。

鶴膝　五言詩の第五字と第十五字、つまり第一句と第三句の句末字が同声のもの。

作詩にあたって、これらの同声の組み合わせは避けなければならないというのである。

「文二十八種病」では、最初に、第一「平頭」、第二「上尾」、第三「蜂腰」、第四「鶴膝」、以下第二十八の「駢拇《べんぼ》」までの病の名を列記してあるが、本文では第十「火滅病」の後に、第十一「木枯病《もくこ》」、第十二「金缺病《きんけつ》」が挿入されており、全部で三十になっている。三十の病のうち、上の四病以外に四声に関するものは、第十五「齟齬病《そご》」で、これは一句のうち、第一字と第五字を除いた三字の中で二字が連なって同じ上・去・入であるものをいい、これを犯した場合、鶴膝の病より重いという。

ほかは韻字に関する病、字の意味に関する病、語法上の病である。ふつう「八病《はっぺい》」というのは、第一から第四に加えて、第五「大韻《だいいん》（一聯の中で韻字と同じ韻の字を用いる）」、第六「小韻《しょういん》（一聯の中で韻字を除く九字の中で同韻の二字を用いる）」、弟七「傍紐《ぼうちゅう》（それぞれの子音が同じ連続する二字、すなわち双声《そうせい》を一句中に用いる）」、第八「正紐《せいちゅう》（子音と四声が同一な二字を一句中に用いる）」をいう。

## 助字への関心

漢文の語法に関して、北巻の「句端《くたん》」では、文章を論理的に書き綴っていくとき、知っておくべき句頭の例を分類してあげている。

・「観夫（観《み》るに夫《そ》れ）」「惟夫（惟《おも》うに夫れ）」「原夫（原《たず》ぬるに夫れ）」「若夫（若《も》し夫れ）」「竊以（竊《ひそ》かに以《おも》えらく）」「竊聞（竊かに聞く）」「聞夫（聞くに夫れ）」「惟昔（惟《こ》れ昔）」「昔者（昔者《むかし》）」「蓋夫（蓋《けだ》し夫れ）」「自昔（昔自《よ》り）」「惟（惟れ）」

右は、文の発端に置くことばである。

・「況乃（況《いわん》や乃《すなわ》ち）」「況則（況や則《すなわ》ち）」「矧夫（矧《いわん》や夫れ）」「矧唯（矧や唯《こ》れ）」「何況（何ぞ況や）」「豈若（豈《あ》に若《し》かんや）」「未若（未《いま》だ若かず）」「豈有（豈に有らんや）」「豈至（豈に至らんや）」

右は、上に述べたものが軽少で、下に述べるものに及ばないことを述べるときの言い方である。

・「莫不（ざるは莫《な》し）」「罔不（ざるは罔《な》し）」「罔弗（ざるは罔し）」「無不（ざるは無し）」「咸欲（咸《み》な欲《ほっ》す）」「咸将（咸な将《まさ》に～んとす）」「並欲（並《なら》びに欲す）」「皆欲（皆な欲す）」「尽皆（尽《ことごと》く皆な）」「並咸（並びに咸な）」

右は、もののようすをひとくくりに論ずるときの言い方である。

・「可謂（謂《い》うべし）」「所謂（所謂《いわゆる》）」「誠是（誠《まこと》に是《こ》れ）」「信是（信《まこと》に是れ）」「允所謂（允《まこと》に所謂）」「乃云（乃ち云《い》う）」「此猶（此《こ》れ猶《な》お〜ごとし）」「何異（何ぞ異《こと》ならん）」「奚異（奚《なん》ぞ異ならん）」「亦猶（亦《ま》た猶お〜ごとし）」「猶夫（猶お夫れ〜ごとし）」「則猶（則ち猶お〜ごとし）」「則是（則ち是れ）」

右は、要点をあげて、上に述べたことをまとめる言い方である。

「句端」の二十六例のうち、四例をあげてみた。それぞれの「右は」以下は、本文の要約である。この「句端」は全文が杜正倫『文筆要決』句端からの引用である。この一文は、助字の用法を述べたものとして、日本では最も早く発表されたものであろう。単なる助字の解説ではなく、論理を展開するときに必要なイデオムとしてまとめたところに、特徴がある。作文の手引き書にはこれもまた必要であると考えて著録した空海の着眼と、現実性がおもしろい。

## 内藤湖南と『文鏡秘府論』

内藤湖南は、明治四十五年（一九一二）六月十五日、弘法大師降誕会《こうたんえ》にて「弘法大師の文芸」と題した講演を行った。この講演筆記が大正十三年（一九二四）に編まれた『日本文化史研究』に収録されている。この講演で『篆隷万象名義』についても述べていることは前章で触れたが、その前半部分は『文鏡秘府論』についてであった。

湖南は、空海が『文鏡秘府論』を書くのに参考にした本の多くが今日伝わっていないと説明したあと、「大師の使ったものが其の当時にあっても重んぜられた本であったとすれば、大師の文鏡秘府論と云うものは、今日に於て非常な価値を有《も》って居るものと謂わねばなりませぬ」と述べ、楊守敬は本当の価値を知っていないという。そして、空海が採録し引用した書物が当時の中国で大切な書物であったことを、『隋書』や『唐書』の経籍志、『新唐書』芸文志、『日本国見在書目録』を用いて論証し、その上で、『文鏡秘府論』は非常に価値のあるものであるとした。

近代日本の学界において、『文鏡秘府論』を研究価値のある貴重な書物であることを、学術的根拠のもとに明確にしたのは、湖南が最初であろう。湖南は、『文鏡秘府論』の研究対象としての重要性を知らしめんとして、次のように述べている。

　是《これ》は真言宗の方のみならず、日本の文学を研究する人は必ず一度は之《これ》を見て、日本の文学なり支那の文学なりを研究するに重大な価値があると云うことを知られることを希望するのでありま す。

# 9 空海がもたらしたもの

空海には、中国で得た知識によって帰国後まとめられた著作が数多くある。その中で、主著とされる『秘密曼荼羅十住心論《ひみつまんだらじゅうじゅうしんろん》』や『即身成仏義《そくしんじょうぶつぎ》』などの空海の思想を述べた書は、真言密教を知る上で不可欠な書として尊重され、研究されてきた。しかし、中国の学術を伝えた『篆隷万象名義』や『文鏡秘府論』などは、後世どのように扱われたのであろうか。それを考えるとき、日中それぞれの時代性を抜きにしては語れないのである。

## 帰国後の空海

空海は、八〇六年の晩秋か初冬のころ帰国した。その年の五月、桓武天皇のあとを受けて平城天皇が即位し、元号は大同と改められた。筑紫《つくし》に到着した空海は、入京の許しがでないまま、その地に留め置かれていた。大同四年（八〇九）四月、嵯峨天皇が即位し、その後まもなく空海は畿内に入った。嵯峨天皇と空海との交流はこのころから始まり、空海は多くの書物や書跡を献上している。

空海は、この年の七月から高雄山寺に居住した。そのころ、すでに最澄は、空海が朝廷に献上した『請来目録』を写し取っていた。空海が学んだことをいち早く知りたい思いであったのだろう。まもなく、最澄は、『請来目録』に記載のある十二門五十五巻の経論を借りて書写したい旨を、空海に申し出ている。

八一〇年九月に弘仁と改元された。弘仁二年十一月、空海は乙訓寺《おとくにでら》に移り住んだ。この乙訓寺に最澄が訪れたのは翌三年秋のことである。同年十一月十五日と十二月十四日の二回、高雄山寺で空海による灌頂《かんじょう》（頭頂に水を灌《そそ》ぎかける儀式）が催され、最澄もこれを受けた。この灌頂の空海自筆の記録が「灌頂歴名」である。

弘仁七年（八一六）、空海は修禅の道場として高野山を求める上表文を提出した。空海が勅許を得て、高野山に上ったのは弘仁九年（八一八）十一月であった。都の宮廷人から高野山の空海に宛てて、多くの便りが寄せられている。これより以後、空海は高雄山寺と高野山を行き来しながら、真言密教の教学の体系化をはかり、『弁顕密二教論《べんけんみつにきょうろん》』『広付法伝』を書き、さらに『即身成仏義』『声字実相義《しょうじじっそうぎ》』『吽字義《うんじぎ》』などの教義書を次々と著す一方、高野山の伽藍創建にも心血を注いだ。

そうした多忙を極めた時期である弘仁十年（八一九）に『文鏡秘府論』は書かれた。その要約本である『文筆眼心抄』は翌十一年に書かれている。

弘仁十二年（八二一）、讃岐国の国司は朝廷に、空海を万濃池《まんのういけ》修築の別当に迎えたい旨を上申した。許可が下りて、空海は故郷讃岐に向かい、三ヶ月で工事を完成させたといわれている。

弘仁十三年（八二二）六月に、最澄が五十六歳で入滅した。翌十四年一月、嵯峨天皇は教王護国寺（東寺）を、真言密教の根本道場として空海に下賜した。この年四月、嵯峨天皇が退位して、淳和天皇が即位した。早速、空海は新帝の即位を祝賀する表を奉っている（『性霊集』巻四「天長皇帝

高野山の伽藍

の即位を奉賀する表一首」。なお、天長と改元するのは翌年であるから、この題は後につけられたものであろう）。
天長三年（八二六）、空海は東寺五重塔の建立に着手した。東寺の近くに綜芸種智院《しゅげいしゅちいん》を創設したのもこのころであった。これは、身分を問わず、あらゆる人にあらゆる学問を総合的に教育する日本で初めての私立の総合的教育機関であった。その理念を説いた「綜芸種智院式幷びに序」は『性霊集』巻十に収載されている。
天長年間は、満年齢でいえば空海のちょうど五十歳代にあたる。空海は布教活動はもちろんのこと、高野山伽藍の建立、東寺の整備、綜芸種智院の創設を果たすという、まさに八面六臂《はちめんろっぴ》の活躍であった。そのための勧進《かんじん》も並大抵ではなかったであろう。その中で、主著とされる『秘密曼荼羅十住心論』が淳和天皇の詔勅を受けて著された。
天長十年（八三三）三月、仁明《にんみょう》天皇が即位し、翌年、改元して承和元年となった。承和二年（八三五）二月、高野山金剛峯寺が定額寺《じょうがくじ》（官寺に準ずる寺）となった。それからまもなく、三月二十一日、空海は六十二年の生涯を終えた。空海は禅定《ぜんじょう》に入ったままの姿で入滅したといわれたため、これを入定《にゅうじょう》という。弘法大師の謚号《しごう》が贈られたのは、延喜《えんぎ》二十一年（九二一）のことであった。

## 弘仁という時代

平安時代の漢文学の時代区分について、川口久雄氏は、九世紀前半すなわち弘仁～承和（八一〇～八四八）ごろを王朝漢文学の形成興隆期、九世紀後半すなわち貞観《じょうがん》～寛平《かんぴょう》（八五九～八九八）ごろを円熟期として、以上を前期王朝漢文の形成期とみる。次いで十世紀前半の延喜《えんぎ》～天暦《てんりゃく》（九〇一～九五七）から十一世紀初頭の長保《ちょうほう》～寛弘《かんこう》（九九九～一〇一二）にかけてを、中期王朝漢文学の中興期であり、同時に日本語文学への分化に向かう時期であるとする。そして、十一世紀後半の天喜《てんぎ》・康平《こうへい》（一〇五三～一〇六五）から十二世紀後半の平安時代終末までを後期斜陽期とする（『平安朝の漢文学』）。

漢文学の形成興隆期とされる弘仁から承和こそ、空海の後半生にあたる。特に嵯峨天皇の弘仁期は、王権が安定し、宮廷文化が開花した時代であった。続く淳和期も嵯峨天皇の施政を継承した。両天皇の政治の中心になったのは、文章道《もんじょうどう》を修めた官僚たちであった。彼らは「文章は経国の大業」（魏・曹丕「典論論文」）をいわば合い言葉に、漢詩文を競って作った。その成果が『凌雲集』『文華秀麗集』『経国集』の三大勅撰漢詩集である。『経国集』に空海の詩が収載されていることは

すでに述べた。宮廷詩人たちとの交流も少なくなかった。『文鏡秘府論』の序の末尾には、

庶《こいねが》わくは緇素《しそ》好事《こうじ》の人、山野文会《さんやぶんかい》の士の、千里を尋ねずして、蛇珠《だしゅ》自《おの》ずから得、旁捜《ぼうそう》を煩《わずら》わさずして、雕龍《ちょうりゅう》期すべきことを。

——どうか、僧俗にかかわらず文学を愛好する人々や、山野に詩文の集いを持つ人々が、遠く千里のかなたを尋ね行かなくとも、蛇からもらう珠玉のようにすぐれた文章を書くことができ、あれこれと探し回らなくても、龍を彫ったかのようなみごとな文章を期待することができるようにと願う。

とある。「好事の人」「文会の士」は、弘仁期の宮廷漢詩人たちを指すと考えられ、『文鏡秘府論』は彼らの要請に応えたものでもあったのだろう。

この時代は文学のみならず、さまざまな方面において、唐文化への傾倒が見られた。弘仁九年（八一八）、宮廷の儀礼や男女の衣服、位記《いき》（位階を賜わる時に出す文書）が唐風に改められた。宮中の建造物も唐風に改称された。空海が大内裏の南面三門の門額を書いたのは、このときであった。大内裏の門額を書いた空海・嵯峨天皇・橘逸勢を後世「三筆」というようになったが、最も重視される南面の門を空海が担当していることは、この三人の中で空海が最も高く評価されていた、少な

くとも嵯峨天皇にはそうであったことを物語る。

空海は、宮廷人の憧れであった唐からの帰国者であり、唐文化の移入者として、時代のカルチャー・リーダー役を果たしていたのである。この時代の憧れの的である唐文化には、当然、仏教も含まれる。見たことのない曼荼羅、聞いたことのない梵語、それらによって語られる未知の教義。明治維新以後の日本人が欧米文化に触れた時以上の清新な驚きをもって、密教は迎えられたにちがいない。密教・詩文・書という唐文化の実物をもたらし、それらを唐人と同じように展開する空海が、いかに尊敬を集めたか、いかにヒーロー視されたか、想像に難くない。弘仁という時代が、それを可能にしたのであった。「弘仁のモダニズム」において、空海は「モダニスト」たりえたのであった（竹内信夫『空海入門』）。

## 日中の文化的時差

空海がもたらした唐の文化が最新のものではなかったということは、中国文化を知る上で忘れてはならない。空海の生まれた七七四年は、唐の代宗の大暦九年に当たる。天宝十四年（七五五）に勃発した安禄山の乱によって、翌年、玄宗は退位し、粛宗が即位したが、在位は六年に満たなかった。そのあとに即位したのが代宗である。安禄山の乱が終結するのは七六三年、代宗の即位二年目の広徳元年であった。この時期は唐の転換期にあたる。六朝以来の門閥貴族階級が崩壊して新しい官僚層が登場する時期であり、それにともない、六朝貴族の支持した優美華麗な文化が衰落して、新しい価値観に基づく文化が生まれつつある時期であった。

詩の世界では、六朝の詩風を残しながら新鮮な表現で人気を博した李白（七〇一〜七六二）と、社会的な題材を詠ったリアリズム詩で新風をもたらした杜甫（七一二〜七七〇）が、ともに安禄山の乱に巻き込まる中で、多くのすぐれた詩を残した。唐を初唐・盛唐・中唐・晩唐と四区分したとき、盛唐は杜甫の亡くなった七七〇年をもって終わりとする。

中唐になると、散文の世界に新しい動きが出てくる。韓愈（七六八〜八二四）と柳宗元（七七三〜八一九）は六朝以来の四六駢儷文を排して、漢以前の古文への復帰を提唱した。韓愈の古文復興運動は、同時に儒学復興を目指したものでもあった。柳宗元は空海在唐時に起こった王叔文《おうしゅくぶん》の失脚事件にからんで、永州《えいしゅう》（湖南省永州市）司馬（副知事）に左遷されたが、その地で書いた「永州八記」は名文として知られる。

韓愈は、古詩「石鼓歌《せっこか》」の中で、「羲之《ぎし》の俗書、姿媚《しび》を趁《お》う（王羲之の書は俗書で、形の優美さを追うだけのものだ）」と述べ（『韓昌黎集』第五巻）、書の頂点とされてきた東晋の王羲之を批判し、従来の価値観に対する反旗を翻した。実際に、書の世界で、王羲之に対抗したのが顔真卿（七〇九〜七八四）であった。

このような新しい動きが大きな波となって社会の本流になるのは、宋代になってからであるが、その最初の波が起こったのが、安禄山の乱後、盛唐末期から中唐の時期であったのである。

空海の学識のもとになっていたのは、当時の日本のすべての知識人と同様に、六朝文化ないしそれを継承した唐の文化であった。それを代表するのが『文選』である。入唐した空海の目にふれた唐の文化は、まだ旧勢力が主流であったが、それは当然のことであるといっていいだろう。本格的な近体詩（唐詩）に触れたのは、この時が最初であっただろうが、杜甫の詩には出会っていない。杜甫がこのころの唐人に広く知られていたかどうかも、はっきりしない。

『文鏡秘府論』に引く論文には、対偶に関して詳細な論がある。しかし、六朝風の修辞に技巧を凝らした詩から平易な詩へと、人気は移っていく。白居易（七七二〜八四六）の詩はその代表であった。白居易は、八〇〇年に二十九歳で進士《しんし》科に及第し、空海入唐時は校書郎《こうしょろう》（宮廷図書館の書籍の校勘が主な仕事）の任に就いたばかりで、有名になる日はまだ先のことであった。韓愈や柳宗元の古文復興の動きも、まだ空海の耳に入るところまでは至っていなかったのであろう。

空海が日本に伝えたのは、唐文化のいわば旧勢力であったが、日本では新知識であった。これは密教についても、ほぼ同様のことがいえるであろう。唐における最盛期を過ぎた時点で空海に伝えられ、最新の文化として日本に移入された。中国と日本には文化的時差があったのである。

唐文化の新しい波のうち、唯一空海が持ち帰ったのが顔真卿の書風であったことは、すでに述べた。これが偶然の所産であるとすれば、なんと楽しい巡り合わせであろうか。多くの中国人より先に、日本には顔法に触れた人たちがいたことになる。

**漢詩文の衰退**

平安時代における漢詩文の円熟期は、菅原道真（八四五〜九〇三）を中心に展開された。このころには、すでに白居易（日本では白楽天と呼ぶことが多い）の詩が日本に伝わり、日本の漢詩に大きな影響を与えた。道真も白居易を崇拝し、詩作の模範としていた。白詩の流行は目をみはるものがあり、村上天皇期（九四六〜九六七）に編まれた『千載佳句《せんざいかく》』に収載された中国の詩人一五三人一一〇〇首のうち、白詩が半数を占めている。また一条天皇期（九八六〜一〇一一）の『和漢朗詠集《わかんろうえいしゅう》』二百余首のうち、白詩が約一三〇首もある。清少納言『枕草子』の「文《ふみ》は文集《もんじゅう》（白氏文集）、文選」のことばは有名であるが、思えば、この時代の詩人たちは、『文選』の古詩、あるいは四六駢儷文を学び、一足飛びに白居易の平易清新な詩に親しんでいたのであった。

唐は九〇七年に滅ぶ。すでに遣唐使は八九四年に廃止されていた。このころから、いわゆる国風《こくふう》文化が発達してくる。仮名文字の発達もあって、日本語による文学が多く誕生した。宮廷貴族たちの趣味生活をおおっていた唐風は、次第に姿を消していった。屏風に書かれるのも漢詩から和歌に変わっていったのである。そして、国風文化の隆盛とともに、人々の漢詩文や漢籍に関する学力・素養が衰えていった。

『唐物語《からものがたり》』という書物がある。漢籍に材を採った故事を和文に翻訳あるいは翻案し、和歌を配したもので、十二世紀後半に成立したとみられている。こうした書物が登場したのには、平安末期、初学者の学習のための詩文すら手にするものが少なくなったと、藤原定家が『明月記《めいげつき》』で嘆いているほどに、漢文学が衰退したことが背景にある。また、一面においては、文学作品に中国古典から故事を引用することが流行したため、その翻訳が歓迎されたという（小林保治『唐物語』解説）。平安以後の文学において中国の故事を引用する場合、こうした翻訳・翻案から引くことも多かったであろう。多くの漢籍からの語句をちりばめ、きらびやかな修辞を駆使した文章で唐人を驚かせる人物は、もう現れるはずもなかった。

ちなみに、江戸時代にもう一度、漢詩ブームが起こる。江戸時代に最もよく読まれた書物の一つが『唐詩選《とうしせん》』であったといわれるほど、『唐詩選』は流行し、その所載の詩を手本に多くの詩が作られた。『唐詩選』は明代に編纂されたもので、収載された四百六十五首の詩のうち、杜甫五十一首、李白三十三首、王維三十一首というように盛唐にかたよっていた。したがって、江戸の漢詩人は杜甫や李白、王維の詩を口ずさんでいたのであった。彼らは、平安の詩人と同様に、中国風に一字の姓を名乗ることが多かった。しかし、彼らの中に平安時代の漢詩集の古風な詩を詠ずる者は、果たしていたであろうか。

## 空海がもたらしたもの

『文鏡秘府論』『篆隷万象名義』は、大師の著作として尊重されたが、宗門内に留め置かれ、信仰のベールに覆われ、研究対象になることはほとんどなかったといってよいだろう。

それには、漢文学の衰退という事情もあったが、宗教者としての空海、信仰の対象としての空海が偉大になりすぎたことも一因といえる。空海が弘法大師であることが、中国文化の紹介者、漢詩文作家、作詩作文研究者、漢字学者として扱うことを妨げていたのであろう。密教関係以外の空海の著作が、広く日中両国に知られ、研究されるようになったのは、楊守敬の「発見」や内藤湖南の顕彰があって以後のことである。

空海は中国の文化に多くを学んだ。平安時代およびそれ以後の日本が独自の文化を形成していく過程で、空海の学んだ、そしてもたらした中国文化が（宗教面は別として）、必ずしも後世の日本人に恒常的な影響を与えたとはいえない。しかし、時を超えてその価値は再認識されている。また、空海が書き残したことで、中国の文化を後世に伝えるという大きな功績を果たしていることも忘れてはならない。空海のもたらしたものは、一二〇〇年の時を超えて、現在に届いているのである。

## 【参考文献】

■**空海関係資料**（伝記と著作）

『弘法大師伝記集覧』密教文化研究所、一九三四初版、一九七〇増補再版
『弘法大師全集』〈増補版〉密教文化研究所編　図書印刷同朋舎、一九七八
『弘法大師空海全集』弘法大師空海全集編集委員会編　筑摩書房、一九八三〜一九八五
『定本弘法大師全集』密教文化研究所弘法大師著作研究会編　高野山大学密教文化研究所、一九九一〜一九九六
『三教指帰　性霊集』〈日本古典文学大系〉渡邊照宏・宮坂宥勝校注　岩波書店、一九六五
『経国集』日本古典全集刊行会、一九二六

■**論考**（本文中で言及したものを出現順に掲げる）

高木訷元『空海―生涯とその周辺』吉川弘文館、一九九七
川口久雄『平安朝の漢文学』〈日本歴史叢書〉吉川弘文館、一九八一
小島憲之「空海訓詁の学の一面」（『国語国文』第四十六巻四号、一九七七）
桃裕行『上代学制の研究』目黒書店、一九四六。後に『桃裕行著作集1』思文閣出版、一九九四に収録。
司馬遼太郎『空海の風景』中公文庫、一九七八

福永光司「空海における漢文の学―『三教指帰』の成立をめぐって」(『最澄 空海』〈日本の名著3〉中央公論社、一九八三)
加地伸行「空海と中国思想と―『指帰』両序をめぐって」(『中国思想からみた日本思想史研究』吉川弘文館、一九八五)
大柴慎一郎「『三教指帰』真作説」(『密教文化』二〇四号、密教研究会、二〇〇〇)
興膳宏「空海と漢文学」(『岩波講座 日本文学と仏教』第九巻、岩波書店、一九九五)
佐伯有清『最後の遣唐使』講談社現代新書、一九七八
東野治之『遣唐使船 東アジアのなかで』〈朝日選書〉朝日新聞社、一九九九
上島亨「平安仏教 空海・最澄の時代」(吉川真司編『平安京』〈日本の時代史5〉吉川弘文館、二〇〇二)
静慈圓『空海入唐の道―現代中国に甦る巡礼道』朱鷺書房、二〇〇三
松長有慶『密教』岩波新書、一九九一
王勇「空海に贈られた唐人の送別詩」(『アジア遊学』27、勉誠出版、二〇〇一)
後藤昭雄「延暦の遣唐使に関する偽作詩をめぐって」(『奈良・平安期の日中文化交流―ブックロードの視点から』農山漁村文化協会、二〇〇一)
竹内信夫『空海入門―弘仁のモダニスト』ちくま新書、一九九七
細貝宗弘「書法から見た聾瞽指帰の筆者」(『書論』第二十六号、書論研究会、一九九〇)
宮坂宥勝・中田勇次郎他「図版解題」(『書道芸術』第十二巻、中央公論社、一九七〇)
小野勝年『入唐求法行歴の研究』法蔵館、一九八二
渡邊照宏・宮坂宥勝「『性霊集』解説」(前掲『三教指帰 性霊集』)
武内孝善・跡部正紀「『性霊集』解説」(前掲『定本弘法大師全集』第八巻)

後藤昭雄「空海の周辺―勅撰詩集作者との交渉」（『仏教文学とその周辺』和泉書院、一九九八）
小島憲之「経国集の研究」㈠（『国風暗黒時代の文学』中㈦Ⅰ・Ⅱ～下Ⅰ・Ⅱ・Ⅲ、塙書房、一九八五～一九九八）
小島憲之「経国集詩注」（前掲「経国集の研究」㈠）
楊守敬『日本訪書志』（廣文書局、一九六七）
武内孝善・跡部正紀「『篆隷萬象名義』解説」（前掲『定本弘法大師全集』第九巻）
岸田知子「『篆隷萬象名義』の字義について」（『密教文化』一七八号、密教研究会、一九九二）
岸田知子「『玉篇』と類書」（『類書の総合的研究』科学研究費補助金研究成果報告書、一九九六）
内藤虎次郎「弘法大師の文芸」（『日本文化史研究』弘文堂、一九二三第一版、一九四六増補第八版）
林田慎之助「『文鏡秘府論』解説」（前掲『定本弘法大師全集』第六巻）
小林保治「『唐物語』解説」（『唐物語』講談社学術文庫、二〇〇三）

なお、上記以外にも多くの書物・論考に教示を受けたことを記しておく。

# あとがき

私は、高野山大学に勤めるようになってから、子供のころから耳にしていた「なむだい、しへんじょう、こんごう」が実は「南無《なむ》大師《だいし》遍照《へんじょう》金剛《こんごう》」であることを知ったほどで、空海にも密教にも皆目無知であった。「空海、弘法大師、真言宗、金剛峯寺」という歴史の授業で覚えたキーワードの羅列を、ただ知っていただけであった。

高野山大学には、空海や密教を研究対象にしている研究者が日本一（ということは世界一）集まっている。中国哲学を研究分野とする私のできることはここにはない、と思っていた。そのうち、ふとしたことで空海が作ったという漢字辞書『篆隷万象《てんれいばんしょう》名義《みょうぎ》』を知り、興味をもって調べてみた。そして、私のようなものも、空海学の隙間に入り込むことができるかもしれない、と思うようになった。

二年前、高野山大学学外講座（現在は生涯学習講座）で「弘法大師空海と中国文化」と題して講演する機会が与えられた。そこで、私の守備範囲からの空海へのアプローチを試みた。そのときの九十分の講演二回分の原稿が、本書のスタート地点である。

執筆中、空海を学ぶことの奥深さに圧倒され、ひるむこともしばしばであったが、中国哲学・文学、国史、国文学の優れた論考に助けられながら、なんとかゴールを迎えることができた。しかし、私の「空海学」のスタートはここからだと、今あらためて思っている。

また、空海のことを書くのに、仏教・密教の要素を全く取り除いて書くわけにはいかず、諸先達の論著を参考にさせてもらったが、素人の思い違いがあるかもしれない。ご教示くださるようお願いする。

なお、密教学の立場で原稿に目を通してくださり、さらに御自筆の「弘法大師御影《みえい》」をカバー図版に使わせてくださった高野山大学の静慈圓氏、丹念なアドバイスによって刊行まで導いてくださった大修館書店の小笠原周氏に心より感謝する。

二〇〇三年九月

岸田知子

【た】

# 索　引

[著者略歴]
岸田知子（きしだ　ともこ）
1947年、兵庫県生まれ。1975年、大阪大学大学院文学研究科博士課程単位取得退学。大阪大学助手、大阪府立渋谷高校教諭等を経て、現在、高野山大学教授。中国哲学専攻。著書に『懐徳堂とその人びと』（共著、大阪大学出版会）、『皆川淇園・大田錦城』（共著、明徳出版）、論文に「王羲之と薬」「唐代儒学の周辺」「欧陽修の春秋論」「『篆隷萬象名義』の字義について」「懐徳堂知識人の老荘観」等がある。

〈あじあブックス〉
空海《くうかい》と中国文化《ちゅうごくぶんか》

NDC188 200p 19cm

初版第一刷――2003年11月20日

著者――岸田知子《きしだともこ》
発行者――鈴木一行
発行所――株式会社大修館書店
〒101-8466 東京都千代田区神田錦町3-24
電話03-3295-6231（販売部）03-3294-2353（編集部）
振替00190-7-40504
[出版情報] http://www.taishukan.co.jp

装丁者――下川雅敏／カバー装画　静慈圓
印刷所――壮光舎印刷
製本所――関山製本社

ISBN4-469-23196-7　Printed in Japan